Prag anno 1891

Franz Kafka und Prag

„Von Prag weggehen. Gegenüber diesem stärksten menschlichen Schaden, der mich je getroffen hat, mit dem stärksten Reaktionsmittel, über das ich verfüge, vorgehen."

Tagebucheintrag vom 9. März 1914

„Prag läßt nicht los. Uns beide nicht. Dieses Mütterchen hat Krallen. Da muß man sich fügen oder –. An zwei Stellen müßten wir es anzünden, am Vyšehrad und am Hradschin, dann wäre es möglich, daß wir loskommen."

Franz Kafka an Oskar Pollak (1902)

Harald Salfellner

Franz Kafka
und Prag

Fünfte, verbesserte Ausgabe

Vitalis
2002

Bibliografische Information der Deutschen Bibliothek
Die Deutsche Bibliothek verzeichnet diese Publikation
in der Deutschen Nationalbibliografie; detaillierte
bibliografische Daten sind im Internet über
http://dnb.ddb.de abrufbar.

Die Fotografie auf Seite 4 (Archiv Vitalis) zeigt den Vyšehrad
mit den Türmen der Kathedrale St. Peter und Paul.

Umschlagfoto: Ivan Koreček
Satz: Cadis, Praha
Druck und Bindung: Finidr, Český Těšín/Teschen

ISBN 3-89919-045-9
ISBN 80-7253-121-2

Inhaltsverzeichnis

Franz Kafka

Vorwort

Als man Franz Kafka, begleitet von einem kleinen Kreis seiner Angehörigen und Freunde, zu Grabe trug, nahm man in seiner Vaterstadt Prag auch in Kreisen, denen er kein Unbekannter gewesen war, nicht im entferntesten zur Kenntnis, daß hier ein Großer der Literatur dieses Jahrhunderts verstorben war. Auch eine Gedenkstunde in der „Kleinen Bühne", zu der sich Freunde und Kollegen eingefunden hatten, trug nicht dazu bei, künftige Größe ahnen zu lassen. Die tschechischen Zeitgenossen erfuhren durch Milena Jesenská von seinem Tod in wenigen Zeilen.

Worin besteht nun das Phänomen, zu dem das Werk des Pragers Franz Kafka geworden ist? Waren es die Lebensumstände, die für so viele Talente dieser Stadt und dieses Landes charakteristisch waren? War es sein Schicksal, das er mit vielen teilte, die aus Prag, Brünn, Reichenberg oder auch aus Mährisch Ostrau kamen und zunächst im heimatlichen Umkreis keine nennenswerte Wertschätzung ihres Ingeniums gefunden hatten? Die ihre Erfolge jenseits der Grenze einbringen mußten und daher auch lange Zeit nicht als Prager angesehen wurden? In Wien, in Zürich oder in Berlin stufte man sie als Österreicher ein. Was bedeutete damals schon der Kleist-Preis, den Kafka erhalten hatte, in der Tafelrunde der literarischen Prager Szene? Hier war die Herkunft aus einem traditionellen Clan meist ausschlaggebend. Das Werk selbst lief Gefahr, in den Kaffeehäusern, in der Concordia, im Arco, bei dem Theaterpublikum und den Besuchern der Konzerte als Heimatliteratur eingestuft zu werden.

Es hätte wohl allzu lange gedauert, bis Franz Kafka in seiner Größe erkannt worden wäre, wenn nicht sein Freund Max Brod sein Werk bewahrt und auf dessen literarische Bedeutung aufmerksam gemacht hätte. Ebenso unbestritten ist die

Tatsache, daß Kafkas Schriften nach seinem Tode eine zunächst widersprüchliche Aufnahme fanden. Im damaligen jungen Staat hatten die deutschen Schriftsteller ihren legitimen Platz jeweils im Kreise ihrer sinnverwandten Ideologien. Dort standen ihnen Presse und Publikum zu Diensten. Waren sie wie Rilke, Werfel, Kraus et tutti quanti längst in Wien, München oder in der Schweiz oder wie Egon Erwin Kisch auf Dauer unterwegs, dann gaben sie im heimatlichen Prag ihre Gastrollen, ihre literarischen Audienzen im Continental und gelegentlich, nach dem Theater, im Café Slavia.

Es sollte lange dauern, bis man sich in Prag für Franz Kafka zu interessieren begann. Es mag im Herbst 1931 gewesen sein. In einer seiner gutbesuchten Vorlesungen sagte der lebhaft agierende damalige Germanist an der Deutschen Universität Professor Herbert Cysarz auf die Frage aus dem Publikum „Und Kafka?" mit der Geste eines literarischen Augurs von Unfehlbarkeit: „Ein jüdischer Klassiker."

Es mußte ein zweiter Weltkrieg über Europa kommen, das insulare bildungsbeflissene Prager Deutschtum mußte von der bisherigen Bildfläche verschwinden, bis man sich auch in seiner Vaterstadt an Kafka zu erinnern begann. Als vorrangige Interpreten boten sich im Nachkriegsdeutschland der westlichen Hemisphäre ansässig gewordene Amerikaner, Emigranten und neue Autoren an. Man kam nach Prag und belehrte die heimische Szene auf unterschiedliche Art über Kafka. Man besuchte die Enkelinnen von Kafkas Hausbesorgerinnen, seine Aufwartefrauen und die wenigen Überlebenden des Holocaust. Kamen die Experten aus dem Westen, fiel die Einordnung seines Werkes in das literarische Gefüge apodiktisch aus. Kafka sei ein deutschschreibender Tscheche jüdischer Herkunft mit deutscher Schulbildung. Hatte er doch zwar von seiner deutschen Muttersprache gesprochen, aber auch von seinem sehr herzlichen Mitgefühl für seine tschechischen Landsleute. Auf tschechischer Seite war man zurückhaltend. Man dachte nicht an eine Besitzergreifung auf Prager Boden. Man nannte zahlreiche Argumente dagegen. Noch war es nicht an der Zeit, Prag in den Rang eines literarischen Ambulatoriums zu erheben. Zudem sorgten Informationen aus Ostberlin, die auf die neue politische Fraternität mit Prag anspielten, für eine frostige Distanz und führten gar zur Ablehnung Kafkas. Von Dekadenz und Entfremdung war viel die Rede. Es gehört wohl zu den Absurditäten dieser Zeit, daß die amtliche Bühne des volksdemokratischen Regimes in Prag ihre Zulässigkeit für einen Autor von Ostberliner Ideologen verordnet bekam.

Freilich, aufhalten ließen sich Kafkas Werk und seine Ausstrahlung nicht – nicht einmal in Prag. Es folgten Konferenzen, man denke an jene von Liblice, wo Verteidiger und Richter über Franz Kafka diskutierten. Wie viele Stunden endloser Beratungen des Zentralkomitees der regierenden Partei waren nötig, um die Teilnehmerzahl, ja sogar die Tischordnung bei der Konferenz zu bestimmen! Wilde Debatten waren vorangegangen, ob ausländische Germanisten in Kafkas Sprache wohl auftreten dürften. Hingegen war es inländischen Wissenschaftlern, die der deutschen Sprache unbestritten mächtig waren, untersagt, sich dieser zu bedienen. Die Zahl der tschechoslowakischen Interpreten von Kafkas Werk war streng limitiert. Nach der Wende zeigte sich, daß die Betreffenden weitgehend Aufnahme in die Akten der Geheimpolizei gefunden hatten.

Und noch lebte fern von Prag in Tel Aviv Max Brod. An seine Teilnahme als legitimer Verwalter des Erbes von Franz Kafka war in dieser Zeit nicht zu denken. Erst im Jahre 1964, im Vorfeld des Prager Frühlings, betrat er in Prag vor Hunderten von Lesern und Freunden von Kafkas Werk die literarische Szene seiner Vaterstadt. Der einstige Staatsbeamte der Republik Max Brod hielt seinen Vortrag in tschechischer Sprache im Festsaal des Klosters Strahov. Man jubelte ihm zu und sprach von der Heimkehr Franz Kafkas in seine Vaterstadt. Später sagten die Zeitgenossen, dieser Tag sei ein Vorbote des Prager Frühlings des Jahres 1968 gewesen.

Die Zeitzeugen dieser Jahre nimmt es nicht wunder, daß ein junger Intellektueller aus Graz in Prag, der Vaterstadt Kafkas, heimisch wurde – als Autor und als Verleger. Der ehemalige Mediziner Harald Salfellner ist seiner Herkunft nach Österreicher. Er unterliegt daher nicht jener zeitweiligen Distanz zu

Franz Kafka, die so oft deutsche Literaturhistoriker hilflos werden ließ. Sagte doch einmal Max Brod von sich, er und Kafka seien eigentlich Prager Österreicher gewesen. Harald Salfellner hat als Autor und Verleger die literarische Szene in der böhmischen Hauptstadt bezogen. Er hat die tschechische Sprache erlernt und gebraucht sie. Sein Buch über Franz Kafka und Prag ist kein neuer Baedeker, kein Dehio, kein Vademekum der neuen Fremdenindustrie. Es ist ein eigenwilliger Weg mit Franz Kafka zu den Stationen seines in Prag verbrachten Lebens. Harald Salfellner bringt jenen Fundus mit, der vielen Interpreten fehlen mußte. Es ist der Weg zur tschechischen Sprache, der Umgangssprache jener Welt, in der Franz Kafka lebte, der verstanden werden muß.

Salfellners Arbeit als Verleger in dieser Stadt schließt bewußt an jene Art literarischer Produktion an, die seit der Zeit Rudolfs II. hier gängig war und die sich nicht in erster Linie an ausländische Besucher richtete. In den Bibliotheken tschechischer Wissenschaftler aller Disziplinen steht ein nicht unerheblicher Teil von Literatur in deutscher Sprache. Auch heute.

Hier liegt die heimliche Symbiose dieser Stadt. Für sie stehen die Meister der Begegnung der Sprachen – Pavel Eisner, Otakar Fischer, Otto Pick, O. F. Babler. Und hier beginnt das Buch von Harald Salfellner, das unabdingbar zum Verständnis von Franz Kafka führt. Es lehrt uns, Prag zu sehen, wie Franz Kafka es gesehen hat.

Hugo Rokyta
Prag 1998

Franz Kafkas Prag

Mit 230.000 Einwohnern (1910) war Prag zu Franz Kafkas Lebzeiten die drittgrößte Stadt der Habsburger Monarchie. Zählt man die Bewohner der Vorstädte hinzu, so ergab sich gar eine Einwohnerzahl von ca. 600.000. Um 1880 waren es nur rund 310.000 Menschen gewesen, die Bevölkerungszahl der Stadt hatte sich in 30 Jahren also verdoppelt.

> „Nach der letzten Volkszählung hätte es in Prag 90,7 % Tschechen und 9,3 % Deutsche, in den Vororten 93,1 % Tschechen und 6,9 % Deutsche gegeben. Tatsächlich sprechen aber die Bewohner Prags, namentlich in den Handelskreisen, zum großen Teile tschechisch und deutsch. In besseren Gasthäusern und Restaurationen, ebenso in größeren Verkaufsläden wird der Deutsche allenthalben verstanden; auch Kutscher, Dienstmänner, Packträger auf den Eisenbahnen verstehen in der Regel so viel Deutsch, als sie in ihrem Verkehr mit Fremden brauchen."
>
> *Griebens Reiseführer Prag,* 1911

Deutsche und Juden bildeten in dieser Großstadt einen numerisch zwar kleinen, kulturell und wirtschaftlich jedoch ungemein wichtigen Anteil. Ca. 32.000 Deutsche lebten zu jener Zeit in Prag.

> „Das waren fast ausschließlich Großbürger, Besitzer der Braunkohlengruben, Verwaltungsräte der Montanunternehmungen und der Škodaschen Waffenfabrik, Hopfenhändler, die zwischen Saaz und Nordamerika hin und her fuhren, Zucker-, Textil- und Papierfabrikanten sowie Bankdirektoren; in ihrem Kreis verkehrten Professoren, höhere Offiziere und Staatsbeamte. Ein deutsches Proletariat gab es kaum."
>
> Egon Erwin Kisch

11

Das ehemalige Neue Deutsche Theater, heute Staatsoper

Der kleinen Minderheit der deutschsprachigen Prager, die zu einem nicht geringen Teil jüdischer Abkunft waren, standen unter anderem zwei großartige Theater, eine Universität, eine Technische Hochschule, ein Konzertgebäude, ein halbes Dutzend Gymnasien und mehrere überregional bedeutende Tageszeitungen zur Verfügung.

> „Zeitungen erscheinen in Prag in deutscher Sprache: Die beiden Tagesblätter ‚Bohemia‘ und ‚Prager Tagblatt‘ (wochentags zwei Ausgaben), dann das ‚Deutsche Abendblatt‘ und das ‚Montagsblatt aus Böhmen‘. Als Regierungsblatt erscheint wochentags das ‚Prager Abendblatt‘. Es gibt auch noch eine tschechische Zeitung in deutscher Sprache, die ‚Union‘. Die anderen (parteipolitischen) Zeitungen dürften den Fremden nicht interessieren.“

> *Griebens Reiseführer Prag,* 1911

„Die Prager deutschen Dichter und Schriftsteller hatten gleichzeitigen Zugang zu mindestens vier ethnischen Quellen: dem Deutschtum selbstverständlich, dem sie kulturell und sprachlich angehörten; dem Tschechentum, das sie überall als Lebenselement umgab; dem Judentum, auch wenn sie selbst nicht Juden waren, da es einen geschichtlichen, allenthalben fühlbaren Hauptfaktor der Stadt bildete; und dem Österreichertum, darin sie alle geboren und erzogen waren und das sie schicksalhaft mitbestimmte, sie mochten es nun bejahen oder auch dieses oder jenes daran auszusetzen haben."

Johannes Urzidil, *Da geht Kafka*

Straßenszene im Prager Ghetto (um 1898)

Prag erfuhr Ende des 19. Jh. ganz wesentliche Veränderungen im Stadtbild. 1888 etwa kaufte die Gemeinde die Schanzen zwischen den Stadtvierteln Prager Neustadt und Königliche Weinberge auf. Nach der Entfernung der Mauern wurden die parzellierten Grundstücke verbaut, die Stadtviertel wuchsen zusammen.

Auch im Bereich der Altstadt gab es zu Kafkas Lebzeiten gravierende Veränderungen.

Mit dem Toleranzpatent Kaiser Josephs II., das den Juden erlaubte, auch außerhalb des Ghettos zu leben, setzte eine Abwanderung begüterter Juden in andere Stadtviertel und die Zuwanderung mittelloser Unterschichten wie allerhand lichtscheuen Gesindels in die Prager Judenstadt ein, an deren Rande ja auch Kafkas Geburtshaus stand. Das Ghetto verfiel zunehmend zu einem Armenviertel im Herzen der Großstadt, in dem sich üble Kaschemmen, Prostitution und Kriminalität breitmachten.

Während in der angrenzenden Altstadt um 1890 nur 644, im aufstrebenden Žižkov 1300 Personen auf einem Hektar lebten, waren in der Josefstadt auf der gleichen Fläche im Schnitt 1822 Menschen zusammengepfercht.

In einem ersten Gesetzesantrag wurde daher bereits 1885 eine „Assanierung" der verkommenen und hoffnungslos überbesiedelten Prager Judenstadt gefordert. Mit dem Niederreißen des uralten Viertels und einiger Teile der angrenzenden Altstadt hoffte man freilich auch, das dort herrschende Elend und die unzumutbaren hygienischen Bedingungen, die ein ständiger Hort verschiedener Epidemien waren, auszurotten.

Bei der grundlegenden Assanierung, die 1897, nach unzähligen Sitzungen und Beschlüssen durchgeführt wurde, fiel der allzu kühn geschwungenen Spitzhacke bedauerlicherweise auch der größte Teil der historischen Bausubstanz zum Opfer. Aus sanitären – und spekulativen – Gründen wurde das Ende einer bereits tausendjährigen Siedlung herbeigeführt.

An die Stelle der winkeligen und dunklen Gassen der Armen traten die modernen Jugendstilpaläste des wohlhabenden Bürgertums.

Die reiche jüdische Bevölkerung Prags unterstützte diese Assanierung mit großer Mehrheit, war doch das Ghetto ein Symbol für Ärmlichkeit und Diskriminierung gewesen.

Das tausendjährige Judenviertel wurde also nicht nur aus hygienischen Gründen abgerissen, sondern vor allem auch, weil das im Zuge der industriellen Entwicklung reich gewordene Bürgertum Platz für die Bauvorhaben der Gründerzeit benötigte.

Gassen des Prager Ghettos (um 1898)

Kubistische Laternensäule
auf dem Jungmannplatz

Prag war zu Kafkas Lebzeiten alles andere als ein verschlafenes Provinznest. 1898 wurden in Topičs Salon die ersten bedeutenden Jugendstilausstellungen veranstaltet, nicht ganz ein Jahrzehnt später stellte sich die Gruppe „Osma" (Die Acht) als erste Vereinigung moderner Maler der Öffentlichkeit vor (Mitglieder waren u. a. Bohumil Kubišta, Emil Filla, Otokar Kubín sowie die von Kafka besonders geschätzten Friedrich Feigl und Willy Nowak).

Im Deutschen Haus pflegten mehr als 200 deutsche Vereine ein reges Gemeinschaftsleben. 1895 wurde auf Initiative von Emil

Das ehemalige Deutsche Haus
am Graben, seit 1945
Slawisches Haus genannt.

Orlík u. a. der „Verein der deutschen bildenden Künstler in Böhmen" gegründet, dessen donnerstägliche Vereinsabende von Schriftstellern wie Oskar Wiener, Rainer Maria Rilke oder Paul Leppin besucht wurden. Aber auch auf tschechischer Seite wurden lange aufgestaute schöpferische Kräfte in bedeutenden kulturellen Leistungen wirksam. Das tschechische Prag orientierte sich an Edvard Munch und dem französischen Kubismus, im Unterschied zu Wien war Prag neben dem

Jugendstil voll und ganz vom Kubismus beherrscht. Die Deutschen hingegen hatten sich den Expressionismus auf die Fahnen geschrieben.

Die Verwandlung der Stadt und des Lebens in ihr ging stürmisch vor sich und betraf nahezu alle Bereiche des täglichen Lebens.

Handel und Industrie erlebten einen mächtigen Aufschwung. Telefone begannen veraltete Kommunikationsmethoden zu verdrängen, Elektrizitätswerke ermöglichten den Betrieb neuartiger Apparaturen, die „Elektrische" und erste Motorwagen kündeten von einer nahen Verkehrsrevolution.

> „... große Fabrikunternehmungen haben sich einen Weltruf erworben; ihnen folgte die Entwicklung des Verkehrswesens, dessen Eisenbahnknotenpunkt Böhmens Prag bildet. Ein weiterer Fortschritt ist durch die Schiffbarmachung der Moldau angebahnt, so daß Prag nach Fertigstellung dieser Anlagen der Ausgangspunkt für die Moldau- und Elbschiffahrt werden wird."
>
> *Griebens Reiseführer Prag,* 1911

Wagen der ersten elektrischen Straßenbahn
auf dem Sommerberg (Letná), 1891

17

Elektrostation in Prag-Holešovice

Der kleine Junge Franz Kafka wird ein Ereignis, dem seine Umgebung sicherlich gebührende Beachtung schenkte, mit Staunen wahrgenommen haben: Im Jahre 1894 wurde Prag erstmals elektrisch beleuchtet. Den Gleichstrom für die Lampen lieferte eine kleine Elektroanlage; das erste wirkliche E-Werk innerhalb der böhmischen Länder, das städtische

Turbinenhalle

18

Elektrizitätswerk in Prag-Žižkov, wurde erst ein Jahr danach, 1895, in Betrieb genommen. Auch die erste elektrische Straßenbahn, die ab 1891 von der Letná-Höhe zum Baumgarten fuhr, mußte deshalb vom Betreiber František Křižík, der wenige

Jahre zuvor mit seiner Fabrik von Pilsen nach Prag-Karlín übergesiedelt war, noch mittels eines eigenen provisorischen Kraftwerkes betrieben werden. Křižík sollte später, 1903, auch die erste Eisenbahnstrecke Böhmens (zwischen Tábor und Bechyně) elektrifizieren.

1899 nahm dann das Zentrale Prager Elektrizitätswerk in Holešovice (Ústřední elektrická stanice Pražská), das von der Elektrotechnischen Aktiengesellschaft (ehemals Kolben a spol.), der Firma Ringhoffer, der Akciová strojírna (ehemals Breitfeld und Daněk) u. a. eingerichtet worden war, seinen Betrieb auf.

Diese und manch andere Auswirkungen des technischen Fortschritts blieben Franz Kafka freilich nicht verborgen. Seinen Tagebüchern ist zu entnehmen, wie sehr ihn die Aeronautik, die der Menschheit im wahrsten Wortsinne neue Horizonte eröffnen sollte, oder die Kinematographie faszinierten. Ab 1907 gab es in Prag ein ständiges Kino, das „Biograph Ponrepo" in der Karlsgasse Nr. 20. Kino war damals kaum mehr als relativ einfach verfilmtes Theater oder Teil von Varieté-Programmen, aber Kafka liebte die bewegten Bilder. Für das musikalische Geschehen hatte er wenig Interesse, aber die neuesten Filme in den „Lichtspiel-theatern" ließ er sich nicht entgehen. Über das Gesehene diskutierte er dann

gerne mit seinem Freund Max Brod, einige Male hielt er seine Meinung darüber auch in seinen Tagebüchern fest.

Kafkas Prag war allerdings nicht nur eine Stadt, die durch die Segnungen des Fortschritts aufblühte, sondern auch ein Ort erbitterter sozialer Auseinandersetzungen. Massendemonstrationen revolutionärer Arbeiter, die begonnen hatten, ihren Anspruch auf politische Macht einzufordern, waren das unübersehbare Zeichen dieser Unruhe. Prag erlebte neben Glanz und Glorie auch Verelendung und Armut im Gefolge jener Entwicklungen, die das Antlitz des 20. Jahrhunderts so entscheidend prägen sollten. Und in Prag wurden mit großer Verbissenheit die Jahrhunderte zurückreichenden nationalen Konflikte zwischen Tschechen und Deutschen ausgetragen:

> „Die letzten Jahrzehnte Prags sind durch ein immer weiter fortgesetztes Zurückdrängen des deutschen Elements gekennzeichnet. Nachdem aus den städtischen Vertretungskörpern in den achtziger Jahren des 19. Jahrhunderts das letzte deutsche Mitglied verschwunden, hat der Kampf gegen das Deutschtum im öffentlichen Leben rasche Erfolge gezeitigt. Wo nur möglich, wurde der tschechischen Sprache das Übergewicht oder die Alleinherrschaft verschafft, eine neue tschechische Technik (1868) und Universität (1882) errichtet, bei Festen, in den Zeitungen und Parlamentsverhandlungen der Deutschenhaß kräftig geschürt. Derselbe kam im Jahre 1897 zum elementaren Ausbruch durch Gewalttätigkeiten in den Straßen Prags, welche die Regierung zur Verhängung des Standrechtes zwangen. Wiederholt gaben seither Straßenunruhen Anlaß zu behördlichem Einschreiten, in den Parlamentsverhandlungen tobt der Streit erbittert fort."
>
> *Griebens Reiseführer Prag,* 1911

Vor der Jahrhundertwende hatte sich der deutsch-tschechische Gegensatz längst zu einem nicht immer nur verbalen Stellungskrieg zugespitzt, in dem die ohnehin seltenen Worte der Vernunft oder der Mäßigung vom Geschrei des radikalisierten Pöbels auf beiden Seiten übertönt wurden.

Die ersten Anfänge eines tschechischen Nationalbewußtseins zu Beginn des 19. Jh. stützten sich noch auf die Arbeiten tschechischer Gelehrter, die ihre Werke in deutscher Sprache verfaßt hatten. Zu ihnen gehörte der Sprach- und Literaturwissenschaftler Josef Dobrovský, der als Schöpfer des neuzeitlichen Tschechisch gelten darf. Gegen Ende des Jahrhunderts war ein solches „Über-

Neues tschechisches Straßenschild über gemischtsprachiger Aufschrift (Aufnahme um 1912)

den-Dingen-Stehen" undenkbar geworden. Der politische Liberalismus hatte ausgedient: Auf tschechischer Seite war die Partei der „Jungtschechen" angetreten, die sich nicht scheute, mit einem zügellosen Antisemiten wie Václav Březnovský in die Parlamentswahlen des Frühjahrs 1897 zu gehen. Und auf deutschböhmischer Seite verhärteten sich die Positionen zu trotziger Beharrlichkeit.

Massenversammlung des tschechisch-nationalen Turnverbandes „Sokol" auf dem Altstädter Ring (um 1912)

21

Die Reaktionen auf die Sprachenverordnungen des vormaligen Statthalters in Galizien, Kazimierz Graf Badeni, der 1895 von Kaiser Franz Joseph mit der Bildung einer „Regierung der starken Hand" beauftragt worden war, zeigten, daß längst jede Gesprächsbasis zwischen den beiden Volksgruppen Böhmens verlorengegangen war: Badeni, der die Steuergesetzgebung voranzutreiben und zudem ausstehende Etatverhandlungen mit Ungarn zu führen hatte, versuchte den erforderlichen Burgfrieden mit den Tschechen durch verschiedene Konzessionen zu erwirken. Knapp einen Monat nach Amtsantritt beendete er einen bereits seit zwei Jahren über Prag verhängten Ausnahmezustand. Mit einer Wahlrechtsreform, die er im Juni 1896 durch den Reichsrat brachte, durfte er hoffen, die in fortdauernder Obstruktion verharrenden „Jungtschechen", deren Fraktion seit 1891 im Wiener Parlament vertreten und zur bedeutendsten politischen Kraft der Tschechen herangewachsen war, zu einer konstruktiven parlamentarischen Mitarbeit zu bewegen. Badeni mußte aber einsehen, daß nur ein Entgegenkommen im Bereich der Sprachforderungen der Tschechen zum Ziel führen konnte. Am 5. April 1897 erließ er deshalb für Böhmen Sprachenverordnungen (drei Wochen später auch für Mähren), die heftigste Reaktionen, ja eine Staatskrise auslösten.

Den Badenischen Verordnungen zufolge, die ohne vorherige Rücksprache mit den Repräsentanten der böhmischen Deutschen erlassen wurden, hätten im behördlichen Verkehr in den Böhmischen Kronländern Tschechisch und Deutsch gleichgestellt werden sollen. Dies hätte für einen deutschen Beamten etwa in einer deutschsprachigen Stadt wie Reichenberg die Notwendigkeit, sich die tschechische Sprache anzueignen, bedeutet, sofern er eine Karriere im Staatsdienst anstrebte. Was dies für die deutschsprachige Bevölkerung in den später „sudetendeutsch" genannten Gebieten hieß, in denen ohnehin schon ein sehr hoher Anteil an tschechischen Staatsbeamten bestand, kann man nur ermessen, wenn man das Selbstverständnis, aber auch die Ängste der Deutschböhmen berücksichtigt und wenn man bedenkt, daß sie sich aus Wien eher Unterstützung im Volkstumsstreit erwartet hatten und sich nun verkauft fühlen mußten. Man darf aber auch nicht übersehen, daß die Tschechen seit Jahrhunderten auch in rein tschechisch besiedelten Gebieten eine deutsche Amtssprache zu akzeptieren hatten.

Die Protestaktionen und Massendemonstrationen, deren Heftigkeit alle Erwartungen übertraf, erfaßten nicht nur die großen deutschen Städte des Landes wie Reichenberg, Karlsbad oder Teplitz, sondern das Deutschtum in ganz Cisleithanien bis ins ferne alpenländische Graz. In deutschböhmischen Gebieten kam es zu Ausschreitungen gegen tschechische Minderheiten. Auch im Wiener Reichstag, in dessen Parlamentsverhandlungen der Streit erbittert tobte, zeigte man sich nicht zimperlich – wo Argumente versagten, war schließlich die männlich geschwungene Faust noch immer eine politische Option.

Bei dieser gefährlichen Entwicklung blieb Kaiser Franz Joseph keine andere Wahl, als die Schließung des Parlamentes zu verfügen (28. November 1897) und Badeni zu entlassen.

Im Dezember desselben Jahres entlud sich in den Prager Gassen die Enttäuschung der Tschechen in wüsten antideutschen und antisemitischen Ausschreitungen, denen die jungtschechischen Politiker – anders als die Sozialdemokraten –

Ein Symbol für das alte Österreich: das Radetzkydenkmal auf dem Kleinseitner Ring (nach 1918 entfernt)

23

Prager Maronibrater (um 1890)

tatenlos zusahen. Erst die Verhängung des Kriegsrechtes beendete diese anarchischen Zustände.

„Zur Zeit der Hauptproduktion Kafkas war Prag am typischsten Prag und auch am typischsten kafkaesk. Man
kann die eigentliche Essenz jenes Prag durch Kafka voll-
kommener begreifen und definieren als durch jeden anderen Autor, ganz bestimmt aber eher durch ihn als durch
jedwedes tschechische Werk jener Zeit, obwohl ein solches an sich prädestiniert sein müßte, Prag darzustellen.
Das ist vielleicht auch einer der unwillkürlichen Gründe
dafür, daß auf tschechischer Seite immer wieder Versuche
gemacht werden, Kafka als eine Art verhohlenen Tschechen darzustellen und ihn aus der deutschen Literatur zu
eskamotieren, wobei unter anderem die amerikanische
Begriffsbestimmung der Nationalität nach dem Ge-
burtsstaat solchen Bestrebungen unvermerkt dadurch dien-
lich ist, daß sie Kafka zuweilen als ‚Czech writer' bezeich-
net. Das ist natürlich barer Unsinn, denn ein Schriftsteller
gehört zur geistigen Repräsentanz der Sprache, in der er
denkt und schreibt. (Wenn Kafka einmal an seine tschechische Freundin Milena Jesenská schrieb: ‚Deutsch ist
meine Muttersprache und deshalb mir natürlich, aber das
Tschechische ist mir viel herzlicher' – so muß man beden-
ken, daß dieser Satz nicht als ‚literarische' Aussage zu

24

bewerten, sondern an eine tschechische Geliebte gerichtet und auf diese abgestimmt ist. [...])"

Johannes Urzidil, Da geht Kafka

„Jetzt werde ich noch etwas Dummes zur gleichen Sache sagen, d. h. dumm ist, daß ich etwas, was ich für richtig halte, sage, ohne Rücksicht darauf daß es mir schadet. Und dann redet noch Milena von Ängstlichkeit, gibt mir einen Stoß vor die Brust oder fragt, was im Tschechischen an Bewegung und Klang ganz dasselbe ist: jste žid? [dt. Sind Sie Jude? Anm. d. Verf.] Sehen Sie nicht, wie im: ‚jste‘ die Faust zurückgezogen wird, um doppelte Muskelkraft anzusammeln? Und dann im ‚žid‘ den freudigen, unfehlbaren, vorwärts fliegenden Stoß? Solche Nebenwirkungen hat für das deutsche Ohr die tschechische Sprache öfters. Sie fragten z. B. einmal, wie es komme, daß ich meinen hiesigen Aufenthalt von einem Brief abhängig mache und antworteten gleich selbst: nechápu [dt. ich verstehe nicht, Anm. d. Verf.]. Ein fremdartiges Wort im Tschechischen und gar in Ihrer Sprache, es ist so streng, teilnahmslos, kaltäugig, sparsam und vor allem nußknackerhaft, dreimal krachen im Wort die Kiefer aufeinander oder richtiger: die erste Silbe macht einen Versuch die Nuß zu fassen, es geht nicht, dann reißt

Blick auf Mánesbrücke und Hradschin

die zweite Silbe den Mund ganz groß auf, nun paßt schon die Nuß hinein und die dritte Silbe endlich knackt, hören Sie die Zähne? ..."

Franz Kafka an Milena Jesenská (1920)

Die Orientierung der Prager Juden war in diesem Sprachen- und Nationalitätenstreit zwiespältig. Während sich das städtisch-liberale Judentum im wesentlichen zu den Deutschen bekannte, empfanden die vom Umland zuströmenden Juden nicht selten tschechisch. Als Geschäftsmann schlug Hermann Kafka in diesem Labyrinth nationaler Gefühle einen pragmatischen Kurs ein. Sein Aufstiegswille ließ den naheliegenden Wunsch erwachen, der schmalen deutschen Oberschicht anzugehören. Sein Geschäft wurde jedoch bei den antideutschen Ausschreitungen in den neunziger Jahren nicht in Mitleidenschaft gezogen. Der Name Kafka verlieh der Familie offenbar ausreichend tschechisches Kolorit.

„Du konntest z. B. auf die Tschechen schimpfen, dann auf die Deutschen, dann auf die Juden, und zwar nicht nur in Auswahl sondern in jeder Hinsicht, und schließlich blieb niemand mehr übrig außer Dir. Du bekamst für mich das Rätselhafte, das alle Tyrannen haben, deren Recht auf ihrer Person, nicht auf dem Denken begründet ist."

Franz Kafka,
Brief an den Vater

Wappenrelief am Jüdischen Rathaus

Die Wiener Zentralbehörden waren sich der gespannten Lage durchaus bewußt. Jahre hindurch wurde Prag denn auch per Notverordnung regiert. Das seinem Wesen nach übernationale Kaiserhaus konnte mit den Anforderungen einer anbrechenden neuen Zeit nicht fertig werden. Eine Veränderung, die sich in noch unscharfen Konturen abzeichnete, stand bevor. Die Vielvölkermonarchie hatte ausgedient, man empfand dieses Staatsgebilde als Völkerkerker. Wohin das Zukünftige aber führen sollte, blieb vorerst unklar.

Franz Kafka wurde in der Hauptstadt des Königreiches Böhmen geboren. Hinter dieser Bezeichnung stand die Welt des alten Österreich und damit ein Symbol für Vergehendes, Rückständiges, Totes. Vielen deutschen Bewohnern war Prag denn auch eine „tote Stadt" der Träume und Mythen. Die Tschechen empfanden anders, stand ihnen doch die Zukunft offen.

Die Stadt, liebevoll und spöttisch zugleich „Schmockkästchen der Monarchie" genannt, war dennoch ein österreichischer Mikrokosmos. Als Franz Kafka starb, war dieses alte Österreich bereits verblassende Geschichte. Die von den Tschechen herbeigesehnte neue Zeit hatte am 28. Oktober 1918 begonnen. Der Prager Franz Kafka, geboren als Untertan seiner kaiserlich-königlich-apostolischen Majestät, starb als Bürger der Tschechoslowakischen Republik T. G. Masaryks. Aus dem alten Prag schien über Nacht eine völlig neue Stadt geworden zu sein. Eine Stadt, die sich äußerlich durch Modeströmungen rasch veränderte.

Und wenn auch jede Generation von einem Prag träumt, das angeblich vormals existiert habe und in ihrem Sinne nie mehr wiedererstehen könne, darf dennoch behauptet werden: In ihrem inneren Wesen blieb diese Stadt, Kafkas Prag, bis heute über alle Brüche hinweg unangetastet und zeitlos. Vielleicht ist das der Grund, warum man dem Dichter gerade in seiner Heimatstadt begegnen möchte: Franz Kafka und sein Prag haben über die Zeiten hinweg Geltung behalten.

Zeitgeschichtlicher Hintergrund

1883 * Der Neubau des Künstlerhauses (zu Ehren
des Thronfolgers „Rudolfinum" genannt)
steht vor der Vollendung.
* Jaroslav Hašek wird in Prag geboren.
* antisemitische Welle in Böhmen
* Nach den Landtagswahlen stehen im böhmischen Landtag 167 tschechische Abgeordnete
75 deutschen Parlamentariern gegenüber.
* Am 18. November wird das nach einem Brand
wiedererrichtete Nationaltheater feierlich eröffnet.

1884 * Der spätere Präsident Edvard Beneš wird geboren.
* Der Komponist Bedřich Smetana stirbt.

1886 * erster Spatenstich zum Neuen Deutschen Theater
* Beginn des Streits um die Königinnenhofer
und Grünberger Handschriften

1888 * am 5. Januar feierliche Eröffnung
des Neuen Deutschen Theaters
(mit Wagners *Meistersingern von Nürnberg*)
* Svatopluk Čech: *Pravý výlet paně Broučkův
do Měsíce* (dt.: *Die wahre Reise des
Herrn Brouček zum Mond*)

1889 * Beginn des Baus des böhmischen Nationalmuseums
* Bei den Wahlen zum böhmischen Landtag
gewinnen die Jungtschechen fast die Hälfte
aller tschechischen Stimmen.
* Errichtung der Gedenkstätte „Slavín"
auf dem Vyšehrader Friedhof

1883–1889
Eltern, Geburt
und frühe Kindheit

Kafkas Vater Hermann Kafka (1852–1931), der als gründerzeitlicher Selfmade-man sowohl die tschechische als auch die deutsche Sprache beherrschte, war als Wanderhändler aus dem tschechischen Dorf Osek (bei Strakonitz in Südböhmen) nach Prag gekommen. Die ärmlichen Verhältnisse seiner Herkunft, seine harte Jugend sowie die Entbehrungen im Gefolge der Geschäftsgründung in Prag, die mit viel zu wenig Geld vonstatten gegangen war, sollten später auf das Leben und Schaffen seines Sohnes wesentliche Auswirkungen haben. Das Schicksal, aber auch die Tüchtigkeit des als übermächtig empfundenen Vaters standen ihm ständig vor Augen.

Die Mutter Julie Kafka geb. Löwy (1856–1934) stammte aus Poděbrady an der Elbe. Sie war die Tochter eines wohlhabenden Brauereibesitzers und dessen früh, mit erst 28 Jahren an Typhus verstorbenen Frau. Ihren Lebensinhalt sah Julie Kafka vor allem in der harmonischen Übereinstimmung mit ihrem Mann Hermann, dessen Ansichten sie in selbstloser Liebe, aber auch unselbständiger Hörigkeit teilte.

> „Mein teurer verstorbener Mann stammte aus Wossek bei Strakonitz. Sein Vater war ein großer starker Mann. Er war Fleischhauer, hat aber kein hohes Alter erreicht. Die Frau, meine Schwiegermutter, hatte 6 Kinder und war eine zarte und fleißige Frau, die ihre Kinder, trotz aller Mühe und Plage, gut erzog. Sie waren ihr einziges Glück im Leben. Mein Mann wurde als 14jähriger Knabe in die Fremde geschickt und mußte sich selbst ernähren. Er wurde im zwanzigsten Jahre Soldat und hat es bis zum Zugführer gebracht. In seinem dreißigsten Lebensjahre hat er mich geheiratet. Er hatte sich mit

Die Eltern Hermann und Julie Kafka (um 1930)

kleinen Geldmitteln etabliert und hatte es, da wir beide sehr fleißig waren, zu einem geachteten Namen gebracht. Wir hatten 6 Kinder, von denen nur noch drei Töchter am Leben sind. Unser ältester Sohn Franz war ein zartes aber gesundes Kind. Er wurde im Jahre 1883 geboren. Nach zwei Jahren hatten wir wieder einen Knaben, der Georg hieß. Er war ein sehr kräftiges schönes Kind – starb im zweiten Jahr an Masern. Dann kam das dritte Kind. Es verschied kaum 6 Monate alt an Mittelohrentzündung. Er hieß Heinrich. Unsere drei Töchter sind glücklich verheiratet."

Julie Kafka

Der Altstädter Ring

(Staroměstské náměstí)

Kafkas Leben spielte sich im wesentlichen auf dem Altstädter Ring oder in dessen unmittelbarer Umgebung ab. Der Platz, der das Zentrum der Prager Altstadt bildet, stellt ein einzigartiges städtebauliches Ensemble dar. Er zeigt sich dem heutigen Betrachter allerdings viel weiträumiger, als er sich Franz Kafka präsentierte.

Altstädter Ring: ehem. Marmorbrunnen, dahinter die Teinkirche (um 1860)

Das Altstädter Rathaus mit der Aposteluhr (und um die Jahrhundertwende noch mit neugotischem Nordflügel), die Bürgerhäuser, die Teinkirche, die St.-Niklas-Kirche, das Jan-Hus-Denkmal, die bis 1918 den Platz dominierende Mariensäule, das Palais Kinsky – all das zählte zur vertrauten Umgebung Franz Kafkas.

Im Haus Altstädter Ring Nr. 20 hatte Kafkas Mutter vor ihrer Hochzeit gewohnt, daneben befand sich ein Café (Altstädter Ring Nr. 19, Haus „Zum Lazarus"), das zeitweise von Kafkas Großonkel Leopold Kafka geführt wurde. Am Eingang zur Zeltnergasse, neben dem unten beschriebenen Sixthaus, befand sich die Anwaltskanzlei von Dr. Richard Löwy, in der Franz Kafka nach seiner Promotion ein paar Monate berufliche Erfahrungen sammelte.

Berühmt geworden sind die an seinen Hebräischlehrer Friedrich Thieberger gerichteten Worte Kafkas:

> „‚Hier war mein Gymnasium, dort in dem Gebäude, das herübersieht, die Universität und ein Stückchen weiter links hin mein Büro. In diesem kleinen Kreis' – und mit seinem Finger zog er ein paar kleine Kreise – ‚ist mein ganzes Leben eingeschlossen.'"
>
> Franz Kafka, zitiert von Friedrich Thieberger

In seinem Tagebuch vermerkte Kafka einen Traum, in dem der Altstädter Ring den Hintergrund für eine Theaterszene abgibt:

> „9. XI 11 vorgestern geträumt: lauter Teater, ich einmal oben auf der Gallerie, einmal auf der Bühne, ein Mäd-

Altstädter Ring: Rathaus mit Aposteluhr (um 1895)

chen, die ich vor paar Monaten gern gehabt hatte spielte
mit, spannte ihren biegsamen
Körper, als sie sich im Schrek-
ken an einer Sessellehne fest-
hielt; ich zeigte von der Gallerie auf das Mädchen, das eine
Hosenrolle spielte, meinem
Begleiter gefiel sie nicht. In einem Akt war die Dekoration
so groß daß nichts anderes zu
sehen war, keine Bühne, kein
Zuschauerraum, kein Dun-
kel, kein Rampenlicht; vielmehr waren alle Zuschauer in
großen Mengen auf der Sce-
ne, die den Altstädter Ring
darstellte, wahrscheinlich von

Altstädter Ring: Rathaus mit
dem noch (bis 1945) vorhandenen
Nordflügel (Aufnahme um 1890)

der Mündung der Niklasstraße aus gesehen. Trotzdem man infol-
gedessen den Platz vor der Rathausuhr und den kleinen Ring eigentlich nicht hätte sehen dürfen, war es doch durch kurze Dre-
hungen und langsame Schwankungen des Bühnenbodens erreicht,

Altstädter Ring: anläßlich des Besuches von Erzherzog Rudolf (1881)
festlich geschmückte Rathaussüdseite

33

Altstädter Ring: St.-Niklas-Kirche, rechts das nicht mehr
existierende Krennhaus (1873)

daß man z. B. vom Kinskypalais aus den kleinen Ring überblicken
konnte. Es hatte dies keinen Zweck, als womöglich die ganze Dekoration zu zeigen, da sie nun schon einmal in solcher Vollkom-
menheit da war und da es zum weinen schade gewesen wäre, etwas
von dieser Dekoration zu übersehn, die, wie ich mir wohl bewußt
war, die schönste Dekoration der ganzen Erde und aller Zeiten war.
Die Beleuchtung war von dunklen, herbstlichen Wolken bestimmt. Das Licht der gedrückten Sonne erglänzte zerstreut in dieser oder jener gemalten Fensterscheibe der Südostseite des Platzes.
Da alles in natürlicher Größe und ohne sich im kleinsten zu verra-
ten ausgeführt war, machte es einen ergreifenden Eindruck, daß

34

manche der Fensterflügel vom mäßigen Wind auf und zugeweht wurden, ohne daß man wegen der großen Höhe der Häuser einen Laut gehört hätte. Der Platz war stark abfallend, das Pflaster fast schwarz, die Teinkirche war an ihrem Ort vor ihr aber war ein kleines Kaiserschloß, in dessen Vorhof, alles was sonst an Monumenten auf dem Platze stand in großer Ordnung versammelt war: die Mariensäule, der alte Brunnen vor dem Rathaus, den ich selbst nie gesehen habe, der Brunnen vor der Niklaskirche und eine Plankeneinzäunung, die man jetzt um die Grundaushebung für das Husdenkmal aufgeführt hat. Dargestellt wurde – oft vergißt man im Zuschauerraum, daß nur dargestellt wird, wie erst auf der Bühne und in diesen Kulissen – ein kaiserliches Fest und eine Revolution. Die Revolution war so groß, mit riesigen den Platz aufwärts und abwärts geschickten Volksmengen, wie sie wahrscheinlich in Prag niemals stattgefunden hatte; man hatte sie offenbar nur wegen der Dekoration nach Prag verlegt, während sie eigentlich nach Paris gehörte. Vom Fest sah man zuerst nichts, der Hof war jedenfalls zu einem Feste ausgefahren, inzwischen war die Revolution losgebrochen, das Volk war ins Schloß eingedrungen, ich selbst lief gerade über die Vorsprünge der Brunnen im Vorhof ins Freie, die Rückkehr ins Schloß aber sollte dem Hofe unmöglich werden. Da kamen die Hofwagen von der Eisengasse her in so rasender Fahrt an, daß sie schon weit vor der Schloßeinfahrt bremsen mußten und mit festgehaltenen Rädern über das Pflaster schleiften. Es waren Wägen, wie man sie bei Volksfesten und Umzügen sieht, auf denen lebende Bilder gestellt werden, sie waren also flach, mit einem Blumengewinde umgeben und von der Wagenplatte hieng ringsherum ein farbiges Tuch herab das die Räder verdeckte. Desto mehr wurde man sich des Schreckens bewußt, den ihre Eile bedeutete. Sie wurden von den Pferden, die sich vor der Einfahrt bäumten, wie ohne Bewußtsein im Bogen von der Eisengasse zum Schloß geschleppt. Gerade strömten viele Menschen an mir vorüber auf den Platz hinaus, meist Zuschauer, die ich von der Gasse her kannte und die vielleicht gerade jetzt angekommen waren. Unter ihnen war auch ein bekanntes Mädchen, ich weiß aber nicht welches; neben ihr gieng ein junger eleganter Mann mit einem gelbbraunen kleinkarrierten Ulster, die Rechte tief in der Tasche. Sie giengen zur Niklasstraße [heute Pařížská, Anm. d. Verf.] zu. Von diesem Augenblick an sah ich nichts mehr."

Tagebucheintrag vom
9. November 1911

Das Geburtshaus

Náměstí Franze Kafky 5, Praha 1

Franz Kafka wurde am 3. Juli 1883 als erstes von sechs Kindern des Galanteriewarenhändlers Hermann Kafka und dessen Angetrauter Julie geboren. Eine Woche nach der Geburt, am 10. Juli, wurde Franz in der bescheidenen elterlichen Wohnung, dem Ritus entsprechend, beschnitten.

Das Geburtshaus an der Nordostseite des Altstädter Ringes (Konskriptionsnummer 27/1) lag am Rande des damals noch bestehenden Prager Ghettos, in unmittelbarer Nachbarschaft zur barocken St.-Niklas-Kirche. Es war zwischen 1717 und 1730 von Kilian Ignaz Dientzenhofer als „Prälatur von St. Nikolaus in der Altstadt" errichtet worden. Das Gebäude fand seit 1787, nach Aufhebung des Klosters unter Joseph II., als Wohnhaus Verwendung.

Die Familie Kafka lebte in diesem Hause allerdings nur bis Mai 1885. Dem Geschäftsmann Hermann Kafka ging es von Jahr zu Jahr besser, und so genügte die alte Wohnung bald nicht mehr den steigenden Ansprüchen. Die Familie – und mit ihr der kleine Franz – zog innerhalb weniger Jahre mehrmals um; so wohnten die Kafkas zwischen 1885 und 1888 am

Das Geburtshaus Franz Kafkas (1898)

Die Gedenktafel an Kafkas Geburtshaus

Wenzelsplatz, am Altstädter Ring und in der Geistgasse. Das waren bestimmt keine idealen Verhältnisse für den Buben und seine Geschwister. Hinzu kommt, daß die Mutter schon bald nach der Geburt wieder im Geschäft arbeiten mußte und Franz, der viel allein oder in der Obhut einer Amme war, wohl nur wenig sehen konnte.

Anstelle des 1897 niedergebrannten Geburtshauses wurde 1902 ein Nachfolgebau (Architekt R. Kříženecký) aufgeführt, vom ursprünglichen Bau blieb nur das Portal erhalten. Im Gebäude befindet sich heute eine kleine Franz-Kafka-Ausstellung.

Seit 1965 ist an der Gebäudeaußenseite eine Gedenkbüste von Karel Hladík angebracht. Im Vorgefühl des Prager Frühlings war Kafka als „revolutionärer Kritiker kapitalistischer Entfremdung" auch für das kommunistische Regime akzeptabel geworden. Eine 1963 im nördlich von Prag gelegenen Schloß Liblice abgehaltene Kafka-Konferenz hat nicht unwesentlich zu dieser Entwicklung beigetragen.

Das Sixthaus in der Zeltnergasse
Celetná 2, Praha 1

Dieses Haus soll so illustre Persönlichkeiten wie Cola di Rienzi, Francesco Petrarca oder Johannes Faust als zeitweilige Bewohner beherbergt haben. Im 17. Jh. gehörte es dem im Jahre 1618 aus dem Fenster der Alten Landesstube auf der Prager Burg gestürzten Schreiber Philipp Fabricius. Fabricius überlebte den Fenstersturz und wurde daraufhin vom Kaiser mit dem Adelsprädikat „von Hohenfall" nobilitiert.

Zwischen August 1888 und Mai 1889 wohnte auch die Familie Kafka in diesem Haus. Das Gebäude, über der Tür mit der Jahreszahl 1796 datiert, ist benannt nach dem Adelsgeschlecht Sixt von Ottersdorf, dem es im 16. und 17. Jh. gehörte. Erhalten sind Kreuz- und Tonnengewölbe aus der Zeit um 1220.

Altstädter Ring (Südseite) und Zeltnergasse um 1870:
Sixthaus (fünftes Gebäude von rechts)

Das erste Geschäft Hermann Kafkas
am Altstädter Ring

Hotel Goldhammer
Staroměstské náměstí 12 (heute 8), Praha 1

1882, im Jahr der Eheschließung Hermann Kafkas mit Julie
Löwy und ein Jahr vor Franzens Geburt, erfolgte die Gründung
der zuerst en detail, später en gros geführten „Galanteriewaren-
handlung Hermann Kafka". Das erste Geschäftsgebäude, das
Hotel Goldhammer auf der Nordseite des Altstädter Rings, ist
nicht erhalten. Franz Kafka schreibt über das Geschäft:

> „An und für sich besonders in der Kinderzeit, solange es
> ein Gassengeschäft war, hätte es mich sehr freuen müs-
> sen, es war so lebendig, abends beleuchtet, man sah, man
> hörte viel, konnte hie und da helfen, sich auszeichnen,
> vor allem aber Dich bewundern in Deinen großartigen
> kaufmännischen Talenten, wie Du verkauftest, Leute
> behandeltest, Späße machtest, unermüdlich warst, in

Altstädter Ring: Ansicht der Nordseite mit dem Haus Nummer 8,
zweites Haus von links.

Zweifelsfällen sofort die Entscheidung wußtest u. s. w.; noch wie Du einpacktest oder eine Kiste aufmachtest, war ein sehenswertes Schauspiel und das ganze alles in allem gewiß nicht die schlechteste Kinderschule. Aber da Du allmählich von allen Seiten mich erschrecktest und Geschäft und Du sich mir decktet, war mir auch das Geschäft nicht mehr behaglich. Dinge, die mir dort zuerst selbstverständlich gewesen waren, quälten, beschämten mich, besonders Deine Behandlung des Personals. Ich weiß nicht, vielleicht ist sie in den meisten Geschäften so gewesen (in der Assicurazioni Generali z. B. war sie zu meiner Zeit wirklich ähnlich, ich erklärte dort dem Direktor, nicht ganz wahrheitsgemäß, aber auch nicht ganz erlogen meine Kündigung damit, daß ich das Schimpfen, das übrigens mich direkt gar nicht betroffen hatte, nicht ertragen könne; ich war darin zu schmerzhaft empfindlich schon vom Hause her), aber die anderen Geschäfte kümmerten mich in der Kinderzeit nicht. Dich aber hörte und sah ich im Geschäft schreien, schimpfen und wüten, wie es meiner damaligen Meinung nach in der ganzen Welt nicht wieder vorkam. Und nicht nur Schimpfen, auch sonstige Tyrannei. Wie Du z. B. Waren, die Du mit anderen nicht verwechselt haben wolltest, mit einem Ruck vom Pult hinunterwarfst, – nur die Besinnungslosigkeit Deines Zorns entschuldigte Dich ein wenig – und der Kommis sie aufheben mußte. Oder Deine ständige Redensart hinsichtlich eines lungenkranken Kommis: ‚Er soll krepieren, der kranke Hund.‘ Du nanntest die Angestellten ‚bezahlte Feinde‘, das waren sie auch, aber noch ehe sie es geworden waren, schienst Du mir ihr ‚zahlender Feind‘ zu sein. Dort bekam ich auch die große Lehre, daß Du ungerecht sein konntest; an mir selbst hätte ich es nicht so bald bemerkt, da hatte sich ja zuviel Schuldgefühl angesammelt, das Dir recht gab; aber dort waren nach meiner, später natürlich ein wenig aber nicht allzusehr korrigierten Kindermeinung fremde Leute, die doch für uns arbeiteten und dafür in fortwährender Angst vor Dir leben mußten."

Franz Kafka, Brief an den Vater

Dieser dem Adressaten nie ausgefolgte *Brief an den Vater*, den Kafka in reiferen Jahren verfaßte, ist eine wichtige, aber keinesfalls die einzige Informationsquelle, die uns der kränkliche Sohn über seinen vor Kraft und Gesundheit strotzenden Vater hinterließ. Auch aus vielen seiner Tagebuchnotizen geht hervor, daß das Verhältnis des Sohnes zu seinem Vater schwierig war:

„Unangenehm ist es, zuzuhören, wenn der Vater mit unaufhörlichen Seitenhieben auf die glückliche Lage der Zeitgenossen und vor allem seiner Kinder von den Leiden erzählt, die er in seiner Jugend auszustehen hatte. Niemand leugnet es, daß er jahrelang infolge ungenügender Winterkleidung offene Wunden an den Beinen hatte, daß er häufig gehungert hat, daß er schon mit 10 Jahren ein Wägelchen auch im Winter und sehr früh am Morgen durch die Dörfer schieben mußte – nur erlauben, was er nicht verstehen will, diese richtigen Tatsachen im Vergleich mit der weiteren richtigen Tatsache, daß ich das alles nicht erlitten habe, nicht den geringsten Schluß darauf, daß ich glücklicher gewesen bin als er, daß er sich wegen dieser Wunden an den Beinen überheben darf, daß er von allem Anfang an annimmt und behauptet, daß ich seine damaligen Leiden nicht würdigen kann und daß ich ihm schließlich gerade deshalb, weil ich nicht die gleichen Leiden hatte, grenzenlos dankbar sein muß. Wie gern würde ich zuhören, wenn er ununterbrochen von seiner Jugend und seinen Eltern erzählen würde, aber alles dies im Tone der Prahlerei und des Zankens anzuhören, ist quälend. Immer wieder schlägt er die Hände zusammen: ‚Wer weiß das heute! Was wissen die Kinder! Das hat niemand gelitten! Versteht das heute ein Kind?‘ Heute wurde mit der Tante Julie die uns besuchte wieder ähnlich gesprochen. Sie hat auch das riesige Gesicht aller Verwandten von Vaters Seite. Die Augen sind um eine kleine störende Nuance falsch gebettet oder gefärbt. Sie wurde mit 10 Jahren als Köchin vermietet. Da mußte sie bei großer Kälte in einem nassen Röckchen um etwas laufen, die Haut an den Beinen sprang ihr, das Röckchen gefror und trocknete erst abends im Bett.“

Tagebucheintrag vom 26. Dezember 1911

Zeitgeschichtlicher Hintergrund

1890   * Die hochwasserführende Moldau bringt
          einige Bögen der Karlsbrücke zum Einsturz.

1890/91 * Errichtung des Industriepalastes auf dem
          Ausstellungsgelände (B. Münzberger)

1891   * erste elektrische Straßenbahn in Prag
        * Jubiläumsausstellung in Prag – zur Erinnerung
          daran und in Bewunderung des Werkes
          A. G. Eiffels wird ein Aussichtsturm
          auf dem Laurenziberg gebaut.
        * Der tschechische Dichter Jan Neruda stirbt.

1893   * Das Assanationsgesetz zur Sanierung
          des Prager Stadtkerns wird verabschiedet.

Trauerzug durch die Prager Neustadt anläßlich
des Begräbnisses des Dichters Jan Neruda

1889–1893
Besuch der Volksschule am Fleischmarkt

Das Haus Zur Minute („U minuty")
am Altstädter Ring
Staroměstské náměstí 2, Praha 1

In diesem aus dem 17. Jh. stammenden Haus lebte die Familie Kafka zwischen Juni 1889 und September 1896. Franzens Schwestern Elli, Valli und Ottla wurden hier geboren. Alle drei sollten später in NS-Konzentrationslagern ihr Ende finden.

Die charakteristischen Sgraffitos, die zu Kafkas Zeiten übermalt waren, wurden vor 1615 angebracht und behandeln biblische und antike Mythen und Legenden.

Der an der Gebäudeecke mit einer Wappenkartusche in den Vorderpranken wachende Löwe ist noch ein Residuum der vormals hier untergebrachten Apotheke „Zum Weißen Löwen", die von einem gewissen Mathias Bartl, nachdem er das Haus 1712 erworben hatte, eingerichtet wurde. Nach mehr als 130 Jahren schloß diese Apotheke im Jahre 1850 ihre Pforten. Vor der Jahrhundertwende, als die Familie Kafka hier wohnte, war in den Geschäftsräumen eine Tabaktrafik untergebracht. Der Laubengang um das Gebäude existierte zu Kafkas Lebzeiten noch nicht, er

Das Haus „Zur Minute"
auf dem Altstädter Ring

Die Volksschule Franz Kafkas
in der Masná 16

wurde erst im Jahre 1938 geöffnet.

Von einem Erlebnis aus seiner Kindheit berichtete Kafka Jahrzehnte später seiner Freundin Milena Jesenská:

„Ich hatte einmal als ganz kleiner Junge ein Sechserl bekommen und hatte große Lust es einer alten Bettlerin zu geben, die zwischen dem großen und dem kleinen Ring saß. Nun schien mir aber die Summe ungeheuer, eine Summe die wahrscheinlich noch niemals einem Bettler gegeben worden ist, ich schämte mich deshalb vor der Bettlerin etwas so Ungeheuerliches zu tun. Geben aber mußte ich es ihr doch, ich wechselte deshalb das Sechserl, gab der Bettlerin einen Kreuzer, umlief den ganzen Komplex des Rathauses und des Laubenganges am kleinen Ring, kam als ein ganz neuer Wohltäter links heraus, gab der Bettlerin wieder einen Kreuzer, fing wieder zu laufen an und machte das glücklich zehnmal (Oder auch etwas weniger, denn, ich glaube die Bettlerin verlor dann später die Geduld und verschwand mir). Jedenfalls war ich zum Schluß, auch moralisch, so erschöpft, daß ich gleich nach Hause lief und so lange weinte, bis mir die Mutter das Sechserl wieder ersetzte."

Franz Kafka an Milena Jesenská (1920)

Von diesem Haus aus trat der kleine Franz auch seinen ersten Schulweg an.

Aus einem weiteren an Milena Jesenská gerichteten Brief erfahren wir Einzelheiten vom allmorgendlichen Gang in die Fleischmarktgasse (Masná) Nr. 16, in der sich die Deutsche Knabenvolksschule in Prag-Altstadt befand (das Gebäude wird heute als Wohnhaus genutzt):

44

„Unsere Köchin, eine kleine trockene magere spitznasige, wangen-hohl, gelblich, aber fest, energisch und überlegen führte mich je-den Morgen in die Schule. Wir wohnten in dem Haus, welches den kleinen Ring vom großen Ring trennt. Da gieng es also zuerst über den Ring, dann in die Teingasse, dann durch eine Art Torwöl-bung in die Fleischmarktgasse zum Fleischmarkt hinunter. Und nun wiederholte sich jeden Morgen das Gleiche wohl ein Jahr lang. Beim Aus-dem-Haus-treten sagte die Köchin, sie werde dem Leh-rer erzählen, wie unartig ich zuhause gewesen bin. Nun war ich ja wahrscheinlich nicht sehr unartig, aber doch trotzig, nichtsnutzig, traurig, böse und es hätte sich daraus wahrscheinlich immer etwas Hübsches für den Lehrer zusammenstellen lassen. Das wußte ich und nahm also die Drohung der Köchin nicht leicht. Doch glaub-te ich zunächst, daß der Weg in die Schule ungeheuer lang sei, daß da noch vieles geschehen könne (aus solchem scheinbaren Kinder-leichtsinn entwickelt sich allmählich, da ja eben die Wege nicht ungeheuer lang sind, jene Ängstlichkeit und totenaugenhafte Ernsthaftigkeit) auch war ich, wenigstens noch auf dem Altstädter Ring, sehr im Zweifel, ob die Köchin, die zwar Respektsperson aber doch nur eine häusliche war, mit der Welt-Respekts-Person des Lehrers überhaupt zu sprechen wagen würde. Vielleicht sagte ich auch etwas derartiges, dann antwortete die Köchin gewöhnlich kurz

Die eingestürzte Karlsbrücke (1890)

45

Franz Kafka als frischgebackener Gymnasiast

mit ihren schmalen unbarmherzigen Lippen, ich müsse es ja nicht glauben, aber sagen werde sie es. Etwa in der Gegend des Eingangs zur Fleischmarktgasse – es hat noch eine kleine historische Bedeutung für mich (in welcher Gegend hast Du als Kind gelebt?) – bekam die Furcht vor der Drohung das Übergewicht. Nun war ja die Schule schon an und für sich ein Schrecken und jetzt wollte es mir die Köchin noch so erschweren. Ich fieng zu bitten an, sie schüttelte den Kopf, je mehr ich bat, desto wertvoller erschien mir das, um was ich bat, desto größer die Gefahr, ich blieb stehn und bat um Verzeihung, sie zog mich fort, ich drohte ihr mit der Vergeltung durch die Eltern, sie lachte, hier war sie allmächtig, ich hielt mich an den Geschäftsportalen, an den Ecksteinen fest, ich wollte nicht weiter, ehe sie mir nicht verziehen hatte, ich riß sie am Rock zurück (leicht hatte sie es auch nicht) aber sie schleppte mich weiter unter der Versicherung auch dieses noch dem Lehrer zu erzählen, es wurde spät, es schlug 8 von der Jakobskirche, man hörte die Schulglocken, andere Kinder fiengen zu laufen an, vor dem Zuspätkommen hatte ich immer die größte Angst, jetzt mußten auch wir laufen und immerfort die Überlegung: ‚sie wird es sagen, sie wird es nicht sagen‘ – nun sie sagte es nicht, niemals, aber immer hatte sie die Möglichkeit und sogar eine scheinbar steigende Möglichkeit (gestern habe ich es nicht gesagt, aber heute werde ich es ganz bestimmt sagen) und die ließ sie niemals los. Und manchmal – denke Milena – stampfte sie auch auf der Gasse vor Zorn über mich und auch eine Kohlenhändlerin war manchmal irgendwo und schaute zu. Milena was für Narrheiten und wie gehöre ich Dir mit allen Köchinnen und Drohungen und diesem ganzen ungeheuren Staub, den 38 Jahre aufgewirbelt haben und der sich in die Lungen setzt."

Franz Kafka an Milena Jesenská (1920)

„Wir wohnten als Kinder nahe beieinander und hatten denselben Schulweg in unsere Volksschule am Fleischmarkt. Wenn wir, von der Umgebung der Theinkirche kommend, in die Schule gingen, hatten wir erst vorbeizugehen an den vielen Fleischläden des Marktes. Den Fleischläden gegenüber stand die tschechische Schule, eine Konkurrenz unserer deutschen Schule. Am Eingang der Konkurrenzschule war die Büste des großen tschechischen Pädagogen Komenský angebracht, und darunter standen in tschechischer Sprache seine Worte: ‚Ein tschechisches Kind gehört in eine tschechische Schule!' Die Worte waren hier als Warnung für tschechische Eltern gemeint, die ihre Kinder in die deutschen Schulen brachten. Aber waren wir tschechische Kinder?! Wir trugen, ob wir es wußten oder nicht, tausendjähriges Erbe und Schicksal eines Volkes, das zwischen den Völkern zu leben gewohnt war."

Hugo Bergmann

Hermann Kafka darf man sich bestimmt mehr als tüchtigen und begabten Kaufmann vorstellen denn als kulturbeflissenen Bildungsbürger. So war Franz seinen Schulkameraden gegenüber in mancherlei Hinsicht benachteiligt. Sein späterer Freund Max Brod etwa hatte schon früh die Gelegenheit, aus den väterlichen Buchbeständen die Werke von Shakespeare, Goethe, Schiller, Heine etc. kennenzulernen. Franzens Eltern hingegen konnten für die Lesegewohnheiten und Schreib-

Werbung im Prager Tagblatt (um 1900)

versuche ihres Sohnes nur schwer das erforderliche Verständnis aufbringen; lieber wäre es ihnen gewesen, wenn Franz Interesse für das väterliche Geschäft entwickelt hätte, das er ja eines Tages übernehmen sollte.

Und gerade auch wegen dieses Geschäftes hatten die Eltern wenig Zeit für die Bedürfnisse des heranwachsenden Jungen. So mußte das Hauspersonal der Familie, wie die obengenannte Köchin, die Haushälterin Marie Werner oder die französische Gouvernante Bailly, ersatzweise die Erziehung des Buben übernehmen.

Prager Brezelverkäufer

Schulfoto: Kafka ist in der letzten Reihe der Zweite von links.

Zeitgeschichtlicher Hintergrund

1894   * Verurteilung von 68 jungen Verschwörern
        im Zuge des Prozesses gegen die sog. „Omladina"

1895   * Große ethnographische Ausstellung in Prag

1897   * Erlaß der Badenischen Sprachenverordnungen
        mit der Absicht, eine Gleichberechtigung in der
        Sprachenfrage zu erreichen
        * antideutsche und antisemitische Unruhen
        in Prag, „Dezembersturm"

1898   * Gründung der Tschechischen National-
        Sozialistischen Partei unter V. Klofáč

1899   * Die tschechische Schriftstellerin
        Karolína Světlá stirbt.
        * Aufhebung der Badenischen
        Sprachenverordnungen

1900   * Vermählung des Thronfolgers Erzherzog
        Franz Ferdinand mit Gräfin Sophie Chotek,
        verbunden mit seinem Thronverzicht
        * Gründung der Tschechischen Volkspartei
        (T. G. Masaryk) in Prag
        * Rainer Maria Rilke: *Mir zur Feier*
        * Hugo Salus: *Ehefrühling*

1893–1901
Gymnasium

Das k. k. Altstädter Deutsche Gymnasium im Palais Kinsky
Staroměstské náměstí 12, Praha 1

Ab September 1893 besuchte Kafka das deutschsprachige Humanistische Staatsgymnasium am Altstädter Ring. In dieser im Hinterhaus des Palais Kinsky untergebrachten Anstalt sollte er im Sommer 1901 schließlich das Abitur ablegen, wenn er auch ständig fürchtete,

> „... daß ich die Endprüfungen des Jahres nicht bestehen werde und, wenn das gelingen sollte, daß ich in der nächsten Klasse nicht fortkommen werde und, wenn auch das noch durch Schwindel vermieden würde, daß ich bei der Matura endgültig fallen müßte und daß ich übrigens ganz bestimmt, gleichgültig in welchem Augenblick, die durch mein äußerlich regelmäßiges Aufsteigen eingeschläferten Eltern sowie die übrige Welt durch die Offenbarung einer unerhörten Unfähigkeit mit einem Male überraschen werde."
>
> Tagebucheintrag vom 2. Januar 1912

Kafka war ein recht guter Schüler, laut Jahresbericht der Schule in den ersten drei Schuljahren Vorzugsschüler. Einzig Mathematik bereitete ihm trotz Nachhilfeunterricht einige Schwierigkeiten.

Die humanistische Schulbildung, die Kafka genoß, würde modernen erzieherischen Normen wohl kaum gerecht werden. Immerhin aber erhöhte der Besuch gerade dieses strengen Humanistischen Gymnasiums ganz außerordentlich die

51

Chancen, einen Posten in der Hierarchie der k. k. Beamtenschaft zu erringen. Kafkas Vater hatte sicher nicht ohne Grund gerade diese nahe gelegene Eliteschule für seinen Sohn ausgewählt.

Der Paukbetrieb sollte die Schüler u. a. durch das Studium des Lateinischen und Griechischen in den Geist und die Welt der Antike einführen. Waren die Verhältnisse zu Kafkas Zeiten doch bereits anders, so ist es doch aufschlußreich, von den Schulerfahrungen eines anderen Prager Schülers zu lesen, nämlich des 1849 im mittelböhmischen Hořitz geborenen nachmaligen Schriftstellers und Philosophen Fritz Mauthner:

> „Von uns Schülern – wir waren jetzt ungefähr vierzig in der Klasse – wurden nur drei oder vier so weit gefördert, daß sie mit knapper Not einen alten Klassiker silbengetreu übersetzen konnten; auch die schablonenhafte Begeisterung für Homer und für Sophokles fehlte bei diesen Auserwählten nicht; aber von einem Verständnis für die besondere Art, für die Unvergleichlichkeit und Unnachahmlichkeit, also auch für die Fremdheit antiken Geistes fehlte es durchaus. Und gar die anderen Schüler, neun Zehntel der Klasse, gingen mit gutem Erfolg durch das Abiturientenexamen und hatten doch in den alten Sprachen nie etwas anderes gesehen als Zuchtruten. Sie hatten von den alten Sprachen weder ein Vergnügen noch einen Nutzen und lernten ein paar Brocken nur, um sie gleich nach dem Examen wieder zu vergessen."
>
> Fritz Mauthner

Im Deutschunterricht dominierten die Dichter und Schriftsteller, die den literarischen Kanon der Jahrhundertwende ausmachten. Viele von ihnen sind heute vergessen. Kafka lernte im Unterricht aber auch so bedeutende Autoren wie Johann Peter Hebel kennen, dessen *Schatzkästlein des Rheinischen Hausfreundes* später zu seinen Lieblingsbüchern gehören sollte; weiter standen Grillparzer, Eichendorff, Kleist, Stifter und natürlich vor allem Goethe und Schiller auf dem Lehrplan. Ferner wird Kafka mit dem Märchenschatz des deutschen Volkes sowie mit klassischen Stoffen vertraut gemacht worden sein, die später Eingang in sein Werk fanden.

Das Palais Kinsky, einer der schönsten Adelspaläste Prags, ist ein reifes Alterswerk Kilian Ignaz Dientzenhofers, ausgeführt vom welschen Baumeister Anselmo Lurago. Die plastische Dekoration des Bauwerkes stammt aus der Werkstätte Ignaz Platzers.

Am 21. Februar 1948 verkündete der kommunistische Ministerpräsident Klement Gottwald vom Balkon dieses Gebäudes, das 1945 verstaatlicht worden war, die Demission der bürgerlichen Minister. Heute ist in dem weit auf den Altstädter Ring vorspringenden Palast mit der in Prag einzigartigen Rokokofassade eine Gemäldesammlung der Nationalgalerie untergebracht. Die Schule befand sich im Hinterhof. Zeitweilig (1912 bis 1918) befand sich hier das florierende Geschäft Hermann Kafkas. Eine Buchhandlung, die 1995 in den Räumlichkeiten des ehemaligen väterlichen Geschäftes eingerichtet wurde, erinnert an die Kafkasche Unternehmung.

Das Palais Kinsky auf dem Altstädter Ring

Haus „Zu den drei Königen"
in der Zeltnergasse
Celetná 3, Praha 1

Im Jahre 1896 übersiedelte die Familie Kafka in den ersten Stock des spätgotischen Hauses „Zu den drei Königen". Franz Kafka, der gerade in die vierte Gymnasialklasse kam, sollte während seiner weiteren Schulzeit bis zur Matura und auch während seiner Studienjahre und seines Gerichtsjahres in diesem Hause wohnen. Franz hatte ein eigenes Zimmer und konnte direkt auf die belebte Zeltnergasse sehen:

> „Wer verlassen lebt und sich doch hie und da irgendwo anschließen möchte, wer mit Rücksicht auf die Veränderungen der Tageszeit, der Witterung, der Berufsverhältnisse und dergleichen ohne weiteres irgend einen beliebigen Arm sehen will, an dem er sich halten könnte, – der wird es ohne ein Gassenfenster nicht lange treiben. Und steht es mit ihm so, daß er gar nichts sucht und nur als müder Mann, die Augen auf und ab zwischen Publikum und Himmel, an seine Fensterbrüstung tritt, und er will nicht und hat ein wenig den Kopf zurückgeneigt, so reißen ihn doch unten die Pferde mit in ihr Gefolge von Wagen und Lärm und damit endlich der menschlichen Eintracht zu."

Franz Kafka,
Das Gassenfenster.
In: *Betrachtung*

Portal der Zeltnergasse 3

Das Gassenfenster gehört zu den frühesten Texten Franz Kafkas. Fast alle anderen Werke aus seiner Schulzeit

– er begann um das Jahr 1897 zu schreiben – hat er selbst vernichtet. *Das Gassenfenster* wurde später in sein erstes Buch *Betrachtung* aufgenommen. Neben einigen Texten für die *Betrachtung* entstand in diesem Haus auch die erste Fassung der *Beschreibung eines Kampfes.*

Der Bericht einer Hausangestellten vermittelt einen Eindruck von Franzens Studierzimmer im Haus „Zu den drei Königen":

> „Sein einfach eingerichtetes Zimmer war links vom Speisezimmer. Die Tür des Zimmers war ständig geöffnet. Neben der Tür stand der Schreibtisch, auf ihm lag das ‚Römische Recht' in zwei Bänden. Gegenüber beim Fenster war ein Kasten, davor ein Fahrrad, dann das Bett, daneben ein Nachtkästchen, bei der Tür ein Bücherregal und ein Waschtisch."
>
> Anna Pouzarová

> „Wir beide waren von erster Jugend an befreundet. Die Mutter von Franz Kafka kannte meine Mutter, und so wurde ich bald ein Hausgenosse von Franz in ihrem Hause in der Zeltnergasse. Es machte auf mich einen großen Eindruck, daß Franz schon als junger Schüler ein eigenes Zimmer hatte, von dem man in die Zeltnergasse herabsehen konnte, ja daß er sogar einen eigenen Schreibtisch besaß."
>
> Hugo Bergmann

Auch das väterliche Geschäft zog im September 1896 in die Zeltnergasse Nr. 3 um, Hermann Kafka avancierte zum „Vereidigten Gutachter" beim k. k. Handelsgericht, der Detailhandel erweiterte sich zum Handel en gros. Aber Franz Kafka interessierte sich nicht dafür. Das Universitätsstudium war für ihn schon deshalb anziehender, weil es den endgültigen Eintritt in die Berufswelt hinauszögerte und so Zeit zum Schreiben versprach.

Zeitgeschichtlicher Hintergrund

1901 * Im Juni besucht Kaiser Franz Joseph Prag.
* Jaroslav Seifert, der spätere tschechische
  Literaturnobelpreisträger, wird geboren.
* Der Dichter Julius Zeyer stirbt, an seinem
  Begräbnis nimmt Rainer Maria Rilke teil.
* Paul Leppin: *Die Thüren des Lebens*
* Franz Karl Ginzkey: *Ergebnisse*
* Richard von Schaukal: *Intérieurs aus
  dem Leben der Zwanzigjährigen*
* Marie von Ebner-Eschenbach:
  Aus Spätherbsttagen

Brückenweihe durch Kaiser Franz Joseph (1901)

1901
Beginn des Studiums
an der Deutschen Universität Prag

Nach dem bestandenen Abitur und einigen Ferienwochen auf Norderney und Helgoland begannen Franzens Studentenjahre an der Prager Universität.

Seit 1882 war die Karlsuniversität in eine deutsche und eine tschechische Universität geteilt. Franz Kafka immatrikulierte sich zum Wintersemester 1901/02 an der Deutschen Universität. Nach einem zweiwöchigen Studienversuch in Chemie und einem kurzen Intermezzo „Germanistik" (beim angesehenen Prager Professor August Sauer) verblieb Kafka bis zu seiner Promotion an der Juridischen Fakultät. Die Juristen waren im Karolinum untergebracht (Zugang von der Eisengasse [Železná] aus), studierten aber auch am rechtswissenschaftlichen (Obstmarkt [Ovocný trh] 5) und am staatswissenschaftlichen Seminar (Husgasse [Husova] 20, Palais Clam-Gallas). Ein weiterer Studienort Kafkas war das sich über fünf Höfe erstreckende ehemalige Jesuiten-Kollegium „Clementinum", in dem er germanistische, kunsthistorische und philosophische Vorlesungen hörte oder auch Bücher aus den Beständen der Universitätsbibliothek entlieh.

Franz Kafkas Studienleistungen waren durchschnittlich. Das Studium der Rechte war für ihn eine Verlegenheitslösung, schließlich mußte er als Jude einen pragmatischen Weg gehen:

> „... einem Juden, der die Universität absolviert hatte, blieben unter den damaligen Umständen, wenn er sich nicht taufen lassen wollte, um eine staatliche Karriere einzuschlagen, praktisch nur die ‚freien' Berufe übrig: Arzt oder Advokat zu werden."
>
> Hugo Bergmann

„Also eigentliche Freiheit der Berufswahl gab es für mich nicht, ich wußte: alles wird mir gegenüber der Hauptsache genau so gleichgültig sein, wie alle Lehrgegenstände im Gymnasium, es handelt sich also darum, einen Beruf zu finden, der mir, ohne meine Eitelkeit allzusehr zu verletzen, diese Gleichgültigkeit am ehesten erlaubt. Also war Jus das Selbstverständliche. Kleine gegenteilige Versuche der Eitelkeit, der Hoffnung, wie vierzehntägiges Chemiestudium, halbjähriges Deutschstudium verstärkten nur jene Grundüberzeugung. Ich studierte also Jus. Das bedeutete, daß ich mich in den paar Monaten vor den Prüfungen unter reichlicher Mitnahme der Nerven geistig förmlich von Holzmehl nährte, das mir überdies schon von tausend Mäulern vorgekaut war. Aber in gewissem Sinn schmeckte mir das gerade, wie in gewissem Sinn früher das Gymnasium und später der Beamtenberuf, denn das alles entsprach vollkommen meiner Lage."

Franz Kafka, Brief an den Vater

Das Carolinum
Železná 9, Praha 1

Die Karlsuniversität, am 7. April 1348 als erste mitteleuropäische Universität gegründet, bezog 1383 unweit vom Altstädter Ring das Haus des königlichen Münzmeisters Johann Rotlöw. Nur ein gotischer Prunkerker als Teil der Kapelle der hll. Cosmas und Damian (um 1370), ein Bogengang und die Aula im zweiten Stock, in der noch heute akademische Feiern abgehalten werden, erinnern an die Anfangszeit dieser bedeutenden hohen Schule, die im Laufe der Jahrhunderte Spiegel der böhmischen Geschichte war.

Gotischer Erker am Carolinum

Nach der frühen Blütezeit der Universität zu Beginn des 15. Jh. sollte das Kuttenberger Dekret des Jahres 1409, in dem König Wenzel IV. den Forderungen des Rektors Jan Hus nach einem anzustrebenden Übergewicht der böhmischen Nation in der universitären Selbstverwaltung nachgab, einen Niedergang der Schule zur Folge haben.

Atlanten am Portal des Palais Clam-Gallas

Die „natio Bohemica", zu der deutsche und tschechische Landeskinder aus den Böhmischen Kronländern gehörten, stand bei der universitären Selbstverwaltung nun mit drei Stimmen den bayrischen, sächsischen und polnischen Universitätsnationen gegenüber, die sich mit je einer Stimme zu begnügen hatten. Eine große Anzahl von Studenten, Universitätslehrern und -professoren verließ daraufhin das Karlskollegium, um an anderen Universitäten zu studieren (Krakau, Heidelberg, Wien, Köln; in Leipzig wurde gar eine neue Universität gegründet). Bis zur Übernahme der Universität durch die Jesuiten im Jahre 1622 sollte die Karlsuniversität den Ruf eines Ketzernestes haben. Auch im 19. und 20. Jh. war die Hochschule Schauplatz nationaler und politischer Auseinandersetzungen, die sich 1882 in ihrer Teilung niederschlugen. Am 17. November 1939 wurde die Tschechische Universität auf Befehl des Reichsprotektors geschlossen, 1945 vergalt Präsident Edvard Beneš dies mit der rückwirkenden Aufhebung der Deutschen Universität. Noch zweimal sollte die Karlsuniversität eine bedeutende Rolle in der politischen Geschichte des Landes spielen: 1967/68 in der Zeit des sogenannten „Prager Frühlings" und im Jahre 1989, als die Studentenschaft auf den Tag genau fünfzig Jahre nach Schließung der Tschechischen Universität durch die Protektoratsbehörde wesentlich an der „Samtenen Revolution" mitwirkte.

Zeitgeschichtlicher Hintergrund

1902   * Auguste Hauschners Lustspiel *Der klare Quell*
wird im Neuen Deutschen Theater uraufgeführt.
* Karl Hans Strobl: *Die Václavbude*
* Camill Hoffmann: *Adagio stiller Abende*

1903   * Errichtung des Gebäudes des tschechischen
Chorvereines *Hlahol* auf dem
Franzenskai (Fertigstellung 1905)
* In Wien beginnen deutsch-tschechische
Ausgleichsverhandlungen, die nach wenigen
Wochen abgebrochen werden.
* Rainer Maria Rilke: *Worpswede,
Das Buch der Bilder, Auguste Rodin*
* Paul Leppin: *Glocken, die im Dunklen rufen*
* Gustav Meyrink: *Der heiße Soldat
und andere Geschichten*

Blick von der Belvedere-Höhe auf die Moldaubrücken

1902/03
Franz Kafka und Max Brod
schließen Freundschaft

„... Denn weißt du, Max, meine Liebe zu Dir ist größer
als ich, und mehr von mir bewohnt als daß sie in mir
wohnte, und hat auch einen schlechten Halt an meinem
unsichern Wesen ...“

Franz Kafka an Max Brod (1908)

Franz Kafka wird als ein zwar zurückhaltender, aber zugleich
humorvoller und geselliger Mensch beschrieben, der von seinen Freunden sehr geschätzt wurde. Er besuchte mit ihnen
nicht nur kulturelle Veranstaltungen, Lesungen und derglei-
chen, sondern unterhielt sich, wie eben unter Studenten üb-
lich, in Cafés, Varietés, Kneipen, nächtlichen Bars und später
auch Bordellen. Die der Prager Boheme wohlklingenden Namen „Trocadéro“, „Eldorado“, „Salon Goldschmidt“ („Go-
Go“), „Lucerna“ oder „London“ waren auch Kafka ein Be-
griff. Wie sehr kontrastiert dieser lebensfrohe Kafka zu dem
dunkelgrauen Bild, das uns die Film- und Tourismusindustrie
vermitteln will!

„Mein lieber Max, wann gehn wir zu der indischen Tän-
zerin, wenn uns schon das kleine Fräulein entlaufen ist,
deren Tante vorläufig noch stärker ist als sein Talent.
Franz“

Franz Kafka an Max Brod (1906)

„Mein lieber Max, ... Wir könnten statt unseres geplan-
ten Nachtlebens von Montag zu Dienstag ein hübsches
Morgenleben veranstalten, uns um fünf Uhr oder um
halb sechs bei der Marienstatue treffen – bei den Wei-
bern kann es uns dann nicht fehlen – und ins Trocadero

Max Brod

oder nach Kuchelbad gehn oder ins Eldorado. Wir können dann, wie es uns passen wird, im Garten an der Moldau Kaffee trinken oder auch an die Schulter der Joszi gelehnt. Beides wäre zu loben. Denn im Trocadero würden wir uns nicht übel machen; es gibt Millionäre und noch Reichere, die um sechs Uhr früh kein Geld mehr haben, und wir kämen so, durch alle übrigen Weinstuben ausgeplündert, jetzt leider in die letzte, um, weil wir es brauchen, einen winzigen Kaffee zu trinken, und nur weil wir Millionäre waren – oder sind wir es noch, wer weiß das am Morgen –, sind wir imstande, ein zweites Täßchen zu zahlen. ..."

Franz Kafka an Max Brod (1908)

„Abende, Nächte jenes seligen Winters! Wie waren wir eins, wie stimmten wir da zusammen. Wir saßen in den Cafés, wir tobten durch die nächtliche Stadt, wir erklommen den trotzigen Hradschin, wir strichen am breiten Strome entlang."

Otto Pick

Trotz aller studentischen Freuden betrachtete der nun zwanzig Jahre alte Kafka auch das politische und soziale Geschehen mit regem Interesse.

In einem Brief an Oskar Pollak berichtete er mit Anteilnahme von den Aufmärschen der um ihre sozialen Rechte kämpfenden Handelsangestellten.

„Heute ist Sonntag, da kommen immer die Handelsangestellten den Wenzelsplatz hinunter über den Graben und schreien nach Sonntagsruhe. Ich glaube, ihre roten Nelken und ihre dummen und jüdischen Gesichter und ihr Schrein ist etwas sehr Sinnvolles, es ist fast so, wie wenn ein Kind zum Himmel wollte und heult und bellt, weil man ihm den Schemel nicht reichen will. Aber es will gar nicht zum Himmel. Die andern aber, die auf dem Graben gehn und dazu lächeln, weil sie selbst ihren Sonntag nicht zu nutzen verstehn, die möchte ich ohrfeigen, wenn ich dazu den Mut hätte und nicht selbst lächelte."

Franz Kafka an Oskar Pollak (1903)

Bis 1903 war der begabte Mitschüler Oskar Pollak Kafkas bester Freund, dann übernahm der um ein Jahr jüngere Max Brod zunehmend diese Position.

Franz war gerade aus den Universitätsferien zurückgekehrt, die er bei seinem Onkel Siegfried Löwy, einem Landarzt in Triesch, verbracht hatte, als er einen Vortrag in der „Lese- und Redehalle der deutschen Studenten" besuchte. Max Brod referierte „Schicksale und Zukunft von Schopenhauers Philosophie" und warf mit diesem Thema in dem Nietzsche-Verehrer Kafka einige Fragen auf. An diesem 23. Oktober 1902 zog er den Kommilitonen Max Brod ins Gespräch, eine bis an Kafkas Lebensende während Freundschaft hatte ihren Anfang gefunden.

> „Ich lernte Franz Kafka während meines ersten Hochschuljahres kennen, also 1902–1903, vermutlich schon im Wintersemester 1902. Franz, um ein Jahr älter als ich, stand im dritten Semester. Er hatte nach Verlassen des Gymnasiums erst vierzehn Tage lang Chemie, dann ein Semester Germanistik, dann Jus inskribiert, – letzteres nur als Notbehelf, ohne Vorliebe, wie so mancher von uns. [...] Das Jusstudium, als die unbestimmteste, kein Ziel oder die größte Anzahl verschiedenartiger Ziele (Advokatie, Beamtenstellen) umfassende, also die Entscheidung noch hinausschiebende und jedenfalls keine besondere Vorliebe verlangende Laufbahn, wurde seufzend in Angriff genommen."

> Max Brod, *Über Franz Kafka*

Die ehemalige „Lese- und Redehalle der deutschen Studenten" in Prag

Die „Lese- und Redehalle der deutschen Studenten" in Prag, die bis 1904 in der Ferdinandstraße (heute Národní třída) Nr. 12 und ab 1904 in der Krakauergasse (Krakovská) Nr. 14 untergebracht war, war für Kafka ein wichtiger Ort der Auseinandersetzung mit seiner geistigen Umwelt. In Studentenkreisen sprach man kurz von der „Halle", wenn man über diesen

Dachverband der liberalen deutschsprachigen Studenten re-
dete. Kafka beteiligte sich an den Veranstaltungen der Sek-
tion für Literatur und Kunst, ab dem Wintersemester 1903
übernahm er die Funktion des Kunst-, später auch die des Li-
teraturberichterstatters. Brod berichtete über sein erstes Zu-
sammentreffen mit Kafka in der „Halle":

> „Der Ort unseres ersten Zusammentreffens war die
> ,Lese- und Redehalle der deutschen Studenten'. [...] Die
> Sektion hatte ihre regelmäßigen Debatten- und internen
> Vortragsabende. Bei einem dieser Abende debütierte ich,
> frisch vom Gymnasium weg, mit einem Vortrag ,Scho-
> penhauer und Nietzsche', der deshalb einiges Aufsehen
> machte, weil ich, erbitterter und fanatischer Schopen-
> hauerianer, der ich damals war und als welcher ich den
> geringsten Widerspruch gegen die Thesen meines ver-
> götterten Philosophen förmlich als Majestätsbeleidigung
> empfand, von Nietzsche ganz einfach und unverblümt
> als von einem ,Schwindler', gesprochen hatte. [...]
> Nach diesem Vortrag begleitete mich Kafka, der um
> ein Jahr Ältere, nach Hause. – Er pflegte an allen Sitzun-
> gen der ,Sektion' teilzunehmen, doch hatten wir einan-
> der bis dahin kaum beachtet. Es wäre auch schwer gewe-
> sen, ihn zu bemerken, der so selten das Wort ergriff und
> dessen äußeres Wesen überhaupt eine tiefe Unauffällig-
> keit war, – sogar seine eleganten, meist dunkelblauen
> Anzüge waren unauffällig und zurückhaltend wie er. Da-
> mals aber scheint ihn etwas an mir angezogen zu haben,
> er war aufgeschlossener als sonst, allerdings fing das end-
> lose Heim-Begleitgespräch mit starkem Widerspruch ge-
> gen meine allzu groben Formulierungen an."

> Max Brod, *Über Franz Kafka*

Anstelle des Gebäudes der ehemaligen „Lese- und Redehalle
der deutschen Studenten" in der Národní třída befindet sich
heute eine häßliche Baulücke, und nichts erinnert mehr an die
ehemals so bedeutsame Institution.

Das Café Louvre in der Ferdinandstraße

Národní třída 20, Praha 1

Das Café Louvre

Im Café Louvre gehörte Kafka zusammen mit seinen Freunden Max Brod, Hugo Bergmann und Felix Weltsch einem Philosophenzirkel an. Der Kreis beschäftigte sich im wesentlichen mit den im damaligen Prag maßgeblichen Lehren des Philosophen Franz Brentano. 1905 endeten die Louvre-Besuche, da Max Brod, der sich in seinem Buch *Zwillingspaar von Seelen* despektierlich über den Meister geäußert hatte, aus diesem philosophischen Kreis ausgeschlossen worden war.

Der Salon der Berta Fanta am Altstädter Ring (Haus „Zum Einhorn")

Staroměstské náměstí 17, Praha 1

Im Hause der ambitionierten und im Prager geistigen Leben bedeutsamen Apothekersgattin Berta Fanta, deren Tochter Else 1908 Kafkas Schulkameraden Hugo Bergmann heiraten sollte, nahm der Student Franz Kafka manchmal als stiller Zuhörer an privaten Diskussionsveranstaltungen teil. Im Hause Fanta wurden, obwohl man hinsichtlich der philosophischen Weltanschauung den Brentanisten zugeneigt war, u. a. auch die maßgeblichen Werke Fichtes, Kants oder Hegels gelesen und erörtert.

> „Übrigens wirkte Kafka nicht etwa nur auf mich, sondern auf viele in der bezeichnenden Richtung. Im Kreis und im gastlichen Haus von Frau Bertha Fanta, in dem unter

eifriger Teilnahme der Hausfrau exakte Philosophie ge-
trieben wurde, stand Kafka in hohem Ansehen – einfach
durch sein Wesen, seine gelegentlichen Bemerkungen,
sein Gespräch –, denn seine literarischen Werke kannte
damals niemand außer mir."

Max Brod, Über Franz Kafka

Berta Fanta und der um sie gescharte Kreis beschäftigten sich jedoch nicht nur mit hehrer Philosophie, sondern auch mit all jenen modischen Geheimlehren, die um die Jahrhundertwende
die Prager Gesellschaft faszinierten: Spiritismus, indische Weis-
heitslehren, die Geheimlehre Helena Blavatskys und freilich
auch Rudolf Steiners theosophische Bewegung samt okkulter
Vorstellungen über physiologische Abläufe und Gesetze. Nicht
nur der solchen Dingen stets aufgeschlossene Gustav Meyrink,
sondern auch Franz Werfel, Willy Haas, Max Brod, Franz Kafka
und viele andere brachten diesen Vorstellungen Interesse entge-
gen. Obgleich Kafka in mancherlei Hinsicht ein eigenwilli-
ges Wissenschaftsbild hatte, bewahrte er zu alldem skeptische
Distanz:

„Daß die Sonne morgen früh aufgehen wird, ist ein
Wunder ..., aber daß ein Tisch sich bewegt, wenn Sie ihn
so lange malträtieren, das ist kein Wunder."

Franz Kafka zu Willy Haas

Haus „Zum Einhorn" auf dem Altstädter Ring (zweites von links)

Jahrmarkt vor den Toren Prags
(links Laurenziberg mit Hungermauer, um 1880)

„Mein Besuch bei Dr. Steiner. Eine Frau wartet schon (oben im 2. Stock des Viktoriahotel in der Jungmannstraße) bittet mich aber dringend vor ihr hineinzugehen. Wir warten. Die Sekretärin kommt und vertröstet uns. In einem Korridordurchblick sehe ich ihn. Gleich darauf kommt er mit halb ausgebreiteten Armen auf uns zu. Die Frau erklärt, ich sei zuerst dagewesen. Ich geh nun hinter ihm wie er mich in sein Zimmer führt. [...] In seinem Zimmer suche ich meine Demut, die ich nicht fühlen kann, durch Aufsuchen eines lächerlichen Platzes für meinen Hut zu zeigen; ich lege ihn auf ein kleines Holzgestell zum Stiefelschnüren [ ] Er hörte äußerst aufmerksam zu, ohne mich offenbar im geringsten zu beobachten, ganz meinen Worten hingegeben. Er nickte von Zeit zu Zeit, was er scheinbar für ein Hilfsmittel einer starken Koncentration hält. Am Anfang störte ihn ein stiller Schnupfen, es rann ihm aus der Nase, immerfort arbeitete er mit dem Taschentuch bis tief in die Nase hinein, einen Finger an jedem Nasenloch."

Tagebucheintrag vom 28. März 1911

Eisgewinnung an der zugefrorenen Moldau (1900)

„Frau Fanta sorgte dafür, daß nur die Ausgewählten den Ton angaben, so daß nach dem Ende der Veranstaltung die frische Luft des Altstädter Ringes ebenso willkommen wie notwendig war. Kafka war meistens nur stiller Zuhörer, gelegentlich warf er eine relevante Frage oder eine scharfe Bemerkung ein, die die ‚abgehobene' Diskussion wieder auf den Boden der Tatsachen zurückholte. Gelegentlich blieb er den Treffen fern, abgestoßen von der überheblichen Weise, in der sich diese Abende entwickelt hatten. Ich glaube, daß es an einem Abend im Jahre 1913 war, daß die deutsche Dichterin Else Lasker-Schüler einmal der Ehrengast war. Sie hatte ein sehr affektiertes und übertriebenes Wesen. Gegen Mitternacht verließen wir alle (ich erinnere mich, daß Franz Werfel und Egon Erwin Kisch ebenfalls anwesend waren) die Veranstaltung, und unsere Besucherin – sie nannte sich ‚Prinz von Theben' und versuchte angestrengt, auch so auszusehen – sank angesichts des wunderschönen Platzes, der mit seinen gotischen Türmen rechts und links in nahezu überirdisches Mondlicht getaucht war, auf ihre Knie nieder und begann, eine improvisierte Ode zu rezitieren. Ein Polizist griff ein und fragte sie, wer sie sei. Stolz erwiderte sie: ‚Ich bin der Prinz von Theben', worauf Kafka korrigierte: ‚Sie ist nicht der Prinz von Theben, sondern eine Kuh vom Kurfürstendamm.'"

Leopold Kreitner

Kafka war nun zwanzig Jahre alt. Selbstredend war sein Interesse für Mädchen längst erwacht, und natürlich blieben intime Erfahrungen nicht aus. In einem Brief an Milena Jesenská schilderte er ein Erlebnis aus der Zeit, in der er sich gerade auf die rechtshistorische Prüfung vorbereitete:

„Wir wohnten damals in der Zeltnergasse, gegenüber war ein Konfektionsgeschäft, in der Tür stand immer ein Ladenmädchen, oben wanderte ich, etwas über 20 Jahre alt, unaufhörlich im Zimmer auf und ab, mit dem nervenspannenden Einlernen für mich sinnloser Dinge zur ersten Staatsprüfung beschäftigt. Es war im Sommer, sehr heiß, diese Zeit wohl, es war ganz unerträglich, beim

Fenster blieb ich, die widerliche römische Rechtsge-
schichte zwischen den Zähnen, immer stehn, schließlich
verständigten wir uns durch Zeichen. Am Abend um
8 Uhr sollte ich sie abholen, aber als ich abends hinunter-
kam, war schon ein anderer da, nun das änderte nicht
viel, ich hatte vor der ganzen Welt Angst, also auch vor
diesem Mann; wenn er nicht da gewesen wäre, hätte ich
auch Angst vor ihm gehabt. Aber das Mädchen hängte
sich zwar in ihn ein, aber machte mir Zeichen, daß ich
hinter ihnen gehen solle. So kamen wir auf die Schützen-
insel, tranken dort Bier, ich am Nebentisch, gingen
dann, ich hinterher, langsam zur Wohnung des Mäd-
chens, irgendwo beim Fleischmarkt, dort nahm der
Mann Abschied, das Mädchen lief ins Haus, ich wartete
ein Weilchen, bis sie wieder zu mir herauskam und dann
gingen wir in ein Hotel auf der Kleinseite. Das alles war
schon vor dem Hotel, reizend, aufregend und abscheu-
lich, im Hotel war es nicht anders. Und als wir dann gegen Morgen, es war noch immer heiß und schön, über
die Karlsbrücke nachhause gingen, war ich allerdings
glücklich, aber dieses Glück bestand nur darin, daß ich
endlich Ruhe hatte vor dem ewig jammernden Körper,
vor allem aber bestand
das Glück darin, daß das
Ganze nicht noch ab-
scheulicher, nicht noch
schmutziger gewesen war.
Ich war dann noch ein-
mal mit dem Mädchen
beisammen, ich glaube,
2 Nächte später, es war
alles so gut wie zum
erstenmal, aber als ich
dann gleich in die Som-
merfrische fuhr, draußen
ein wenig mit einem
Mädchen spielte, konnte
ich in Prag das Laden-
mädchen nicht mehr an-
sehn ..."

Franz Kafka an Milena
        Jesenská (1920)

Interieur eines Prager Kaffeehauses

Zeitgeschichtlicher Hintergrund

1904   * Wegen Ausschreitungen tschechischer
              Nationalisten gegen deutsche Studenten
              wird in Prag Militär eingesetzt.
            * Detlev von Liliencron liest in der
              „Lese- und Redehalle" aus seinem Werk.
            * Enrico Caruso gastiert in Prag.
            * Bertha von Suttner: *Ketten und
              Verkettungen/Donna Sol*

1905   * Der Tunnel unter dem Vyšehrad-Felsen
              wird geschlagen.
            * Beginn der Bauarbeiten am neuen Prager
              Hauptbahnhof, genannt „Franz-Josef-Bahnhof"
            * Die Arbeiten am Repräsentationshaus künden
              vom Siegeszug des Jugendstils in Prag.
            * im Oktober Massendemonstration auf dem
              Altstädter Ring für das allg. Wahlrecht
            * Der sogenannte „Mährische Ausgleich"
              wird sanktioniert.
            * Im Dezember wird Bertha von Suttner als
              erster Frau der Friedensnobelpreis verliehen.
            * Hedda Sauer (Ehefrau von August Sauer):
              Wenn es rote Rosen schneit
            * Oskar Wiener: *Das hat die Liebe getan*
              (Ein Liederbuch)
            * Ossip Schubin: *Der Gnadenschuß*

1904/05
Beginn der Arbeiten
an *Beschreibung eines Kampfes*

„Ein Buch muß die Axt sein für das gefrorene Meer in
uns. Das glaube ich.“

Franz Kafka an Oskar Pollak (1904)

Im Wintersemester 1904/1905 begann der 21jährige Franz
Kafka mit der Arbeit an der ersten Fassung seiner visionären
Erzählung *Beschreibung eines Kampfes,* in der er als Ich-Erzäh-
ler einen nächtlichen Spaziergang mit einem Gegenspieler, in
dem sein Kommilitone Ewald Přibram zu erkennen ist, durch
das winterliche und menschenleere Prag schildert. Die zum
Teil stark traumartige Handlung hat autobiographische Züge.
In keinem anderen Werk Kafkas spielt Prag eine ähnlich zentrale Rolle. Viele der erwähnten Plätze und Denkmäler, die
nachfolgend zum Teil vorgestellt werden, zeigen sich dem heutigen Betrachter praktisch unverändert; manches, wie etwa die
Mariensäule auf dem Altstädter Ring, ist der Unvernunft revolutionärer Stunden zum Opfer gefallen.

Die Mariensäule
auf dem Altstädter Ring

(Staroměstské náměstí)

> „1650 ließ Kaiser Ferdinand III. als Zeichen seiner
> Dankbarkeit für die Errettung der im Jahre 1648 durch
> die Schweden unter Köngismark vergeblich belagerten
> Stadt die noch stehende Mariensäule, einen Monoli-
> then mit der Statue der Unbefleckten Empfängnis
> Mariä, vom Hofbildhauer Georg Pendel errichten. Der

73

Blick auf den Altstädter Ring mit der Mariensäule (um 1870)

Astronom David hat sie 1825 als Mittagszeiger eingerichtet, indem ihr Schatten gerade zur Mittagszeit auf
den nach dem Kinskyschen Palais gelegten Steinstrei-
fen fällt."

Griebens Reiseführer Prag, 1911

„Wenn man so große Plätze nur aus Übermuth baut,
warum baut man nicht auch ein Steingeländer, das
durch den Platz führen könnte. Heute bläst ein Süd-
westwind. Die Luft auf dem Platz ist aufgeregt. Die
Spitze des Rathhausthurmes beschreibt kleine Kreise.
Warum macht man nicht Ruhe in dem Gedränge? Was
ist das doch für ein Lärm! Alle Fensterscheiben lärmen
und die Laternenpfähle biegen sich wie Bambus. Der
Mantel der heiligen Maria auf der Säule rundet sich und
die stürmische Luft reißt an ihm. Sieht es denn niemand?
Die Herren und Damen, die auf den Steinen gehen sollten, schweben. Wenn der Wind Athem holt, bleiben sie
stehn, sagen einige Worte zu einander und verneigen
sich grüßend, stößt aber der Wind wieder, können sie
ihm nicht widerstehn und alle heben gleichzeitig ihre
Füße. Zwar müssen sie fest ihre Hüte halten, aber ihre
Augen schauen lustig, als wäre milde Witterung. Nur ich
fürchte mich."

Franz Kafka, *Beschreibung eines Kampfes*

Die 1918 durch den nationalistisch verblendeten Mob gestürzte Mariensäule vor dem Rathaus, an deren Fuß stets eine Öllampe gebrannt hatte, war zu Kafkas Jugendzeiten eine Stätte frommer Andachten und Marienfeiern gewesen. Für Kafka war es auch ein Ort, an dem er sich mit seinem Freund Max Brod verabredeten konnte:

> „Lieber Max, Du weißt, ich habe einen Posten, es hat also ein neues Jahr angefangen und meine Leiden, vorausgesetzt, daß sie bis jetzt zu Fuß gegangen sind, gehn jetzt entsprechend auf den Händen. Ich möchte sehr gern Dich um $^1/_2$ 3 bei der Marienstatue am Ring treffen, pünktlich bitte, mach es möglich. Dein Franz K."
>
> Franz Kafka an Max Brod (1908)

Der Brunnen am Kleinen Ring
(Malé náměstí)

> „Als ich bei dem Haus der Feuerwehr vorüberkam, hörte ich vom kleinen Ring her Lärm und als ich dort einbog, sah ich einen Betrunkenen am Gitterwerk des Brunnens stehn ..."
>
> Franz Kafka,
> *Beschreibung eines Kampfes*

> „Vom Großen Ring gelangt man westlich auf den Kleinen Ring (malé náměstí), welcher noch mehr den altertümlichen Charakter bewahrt hat. In der Mitte ein Brunnen mit Kunstgitter aus dem Jahre 1560."
>
> *Griebens Reiseführer Prag,* 1911

Brunnen am Kleinen Ring

Der Altstädter Mühlenturm

Novotného lávka

„Er las die Zeit offenbar von der Uhr des Mühlenturmes
ab."

Franz Kafka, *Beschreibung eines Kampfes*

„An dem Kaffee Bellevue, einem schönen Neubau in hol-
ländischem Renaissancestil, vorüber, gelangt man zu den
malerisch gelegenen Altstädter Mühlen. Hier steht ein
schon 1489 erbauter Wasserturm, welcher siebenmal
durch Feuer und auch in der Schwedenbelagerung zerstört
wurde. Die Höhe des 1878 neu aufgeführten Turmes be-
trägt 53 m. Neben ihm die Städtische Wasserkanzlei, 1883
im Renaissancestil erbaut, mit Sgraffitos von Aleš und Že-
nišek, welche auf die Schwedenzeit Bezug nehmen."

Griebens Reiseführer Prag, 1911

Novotnýsteg mit Altstädter Mühlenturm

76

Der Kreuzherrenplatz und die Karlsgasse
(Křížovnické náměstí, Karlova ulice)

„Aber jetzt wußte ich auch, was ich thun mußte, denn gerade vor schrecklichen Ereignissen überkommt mich große Entschlossenheit. Ich mußte weglaufen. Es war ganz leicht. Jetzt beim Einbug zur Karlsbrücke nach links konnte ich nach rechts in die Karlsgasse springen. Sie war winklig, es gab dort dunkle Hausthore und Weinstuben die noch offen waren; ich mußte nicht verzweifeln.

Als wir unter dem Bogen am Ende des Quais hervortraten, rannte ich mit erhobenen Armen in die Gasse; doch als ich gerade zu einer kleinen Thüre der Kirche kam, fiel ich, denn dort war eine Stufe die ich nicht gesehen hatte. Es krachte. Die nächste Laterne war entfernt, ich lag im Dunkel. Aus einer Weinstube gegenüber [ehemalige Weinstube U Kosků, Karlova Nr. 6, Anm. d. Verf.] kam ein dickes Weib mit einem rauchigen Lämpchen heraus, um nachzusehn was auf der Gasse geschehen war. Das Klavierspiel hörte auf und ein Mann öffnete die jetzt halboffene Thür völlig. Er spie großartig auf eine

Standbild Kaiser Karls IV. auf dem Kreuzherrenplatz (1865)

Stufe und während er das Frauenzimmer zwischen den Brüsten kitzelte, sagte er, das was geschehen sei, sei jedenfalls ohne Bedeutung. Sie drehten sich darauf um und die Thüre wurde wieder zugemacht.

Als ich aufzustehn versuchte, fiel ich wieder. ‚Es ist Glatteis‘, sagte ich und verspürte einen Schmerz im Knie. Aber doch freute es mich, daß die Leute aus der Weinstube mich nicht sehen konnten und es schien mir daher das Bequemste hier bis zur Dämmerung liegen zu bleiben. [...]

Mein Bekannter hatte die Hände in den Taschen und sah über die leere Brücke hin, dann zur Kreuzherrenkirche und dann auf zum Himmel, der klar war. Da er mir nicht zugehört hatte, sagte er dann ängstlich: ‚Ja, warum reden Sie denn nicht mein Lieber; ist Ihnen schlecht – ja warum stehn Sie denn eigentlich nicht auf – es ist doch kalt hier, Sie werden sich verkühlen und dann wollten wir doch auf den Laurenziberg.‘

Salvatorkirche, rechts im Schatten die Karlsgasse (Karlova)

‚Natürlich', sagte ich, ‚verzeihen Sie' und ich stand allein auf, aber mit starkem Schmerz. Ich schwankte und mußte das Standbild Karl des Vierten fest ansehn um meines Standpunktes sicher zu sein. Aber das Mondlicht war ungeschickt und brachte auch Karl den Vierten in Bewegung. Ich staunte darüber und meine Füße wurden viel kräftiger aus Angst, Karl der Vierte möchte umstürzen, wenn ich nicht in beruhigender Haltung wäre. Später schien mir meine Anstrengung nutzlos, denn Karl der Vierte fiel doch herunter, gerade als es mir einfiel, daß ich geliebt würde von einem Mädchen in einem schönen weißen Kleid."

Franz Kafka, Beschreibung eines Kampfes

„Durch das Tor am Ende der Gasse tritt man auf den Kreuzherrenplatz (Křížovnické náměstí). Rechts liegt das Klementinum mit der Salvatorkirche, vor dem Beschauer die Kreuzherrenkirche, am Ufer das Karlsmonument. Dasselbe wurde dem Kaiser Karl IV. als dem Begründer der Universität 1848 zur Erinnerung an die 500jährige Jubelfeier derselben errichtet. Auf einem Postament erhebt sich die 3,79 m hohe Figur des Kaisers im Krönungsgewand, in der Rechten den Stiftungsbrief der Universität haltend. In vier Nischen am Piedestal sind die Fakultäten angebracht, und zwar an der Vorderseite die Theologie, rechts die Jurisprudenz, links die Medizin, rückwärts die Philosophie. An den Ecken sieht man vier Freunde des Kaisers, und zwar an der Vorderseite: Ernst von Pardubitz und Johann Očko von Wlaschim, erster und zweiter Erzbischof von Prag; an der Rückseite: Benesch von Kolowrat, der Lebensretter Karls auf der Brücke zu Pisa, und Mathias von Arras, der erste Baumeister des St.-Veit-Domes auf dem Hradschin. Den Plan zu dem schönen Denkmal lieferte E. Hähnel in Dresden, gegossen wurde dasselbe von Burgschmiet in Nürnberg."

Kreuzherrenkirche

Griebens Reiseführer Prag, 1911

Die Karlsbrücke

(Karlův most)

„So kannte ich mit einem Male alle die vielen Sterne bei Namen, trotzdem ich es niemals gelernt hatte. Ja, es waren merkwürdige Namen, schwer zu behalten, aber ich wußte sie alle und sehr genau. Ich gab meinen Zeigefinger in die Höhe und nannte die Namen der einzelnen laut. – Ich kam aber nicht weit mit dem Nennen der Sterne, denn ich mußte weiterschwimmen, wollte ich nicht zusehr untertauchen. Aber damit man mir später nicht sagen könnte, über dem Pflaster könnte jeder schwimmen und es sei nicht des Erzählens wert, erhob ich mich durch ein Tempo über das Geländer und umkreiste schwimmend jede Heiligenstatue, der ich begegnete. – Bei der fünften, als ich mich gerade mit überlegenen Schlägen über dem Pflaster hielt, faßte mein Bekannter meine Hand. Da stand ich wieder auf dem Pflaster und fühlte einen Schmerz im Knie. Ich hatte die Namen der Sterne vergessen ... Mein Bekannter drängte sich mit seinen Re-

Karlsbrücke: Blick auf die Kleinseitner Brückentürme (um 1920)

den immer näher zu mir und in dem Augenblick, als ich anfieng seine Worte zu verstehn, hüpfte ein weißer Schimmer zierlich am Brückengeländer entlang, strich durch den Brückenthurm und sprang in die dunkle Gasse.

‚Immer liebte ich‘, sagte mein Bekannter auf die Statue der heiligen Ludmila zeigend, ‚die Hände dieses Engels, links. Ihre Zartheit ist ohne Grenzen und die Finger, die sich aufspannen, zittern. Aber von heute abend an sind mir diese Hände gleichgültig, das kann ich sagen, denn ich küßte Hände‘ – Da umarmte er mich, küßte meine Kleider und stieß mit seinem Kopf gegen meinem Leib."

Franz Kafka, Beschreibung eines Kampfes

„Hier beginnt die älteste und sehenswerteste Brücke Prags, die berühmte Karlsbrücke, welche den 332 m breiten Fluß mit 16 Bogen in einer Gesamtlänge von 505 m überspannt und die Altstadt mit der

Die Statue der hl. Ludmila auf der Karlsbrücke

Kleinseite verbindet. Die Brücke verläuft nicht gerade, sondern zeigt zwei Krümmungen an beiden Ufern.

Judith, die Gemahlin Wladislaws I., hatte hier an Stelle der 1118 durch Hochwasser zerstörten Holzbrücke 1153–1167 eine Steinbrücke erbaut, die 1342 durch einen Eisgang abermals vernichtet wurde. Ein Überrest hiervon ist die Quaimauer gegen das Kreuzherrenkloster zu mit ausgemeißeltem Kopf (Bradatsch), ein altes Pegelzeichen. 1357 legte Kaiser Karl IV. den Grundstein zum Neubau, Baumeister war Peter Parler von Gmünd; vollendet wurde die Brücke erst 1503. Von der Festigkeit der steinernen Karlsbrücke, welche Kriegsstürme sowie unzählige Hochfluten standhaft überdauerte, kursieren im Volksmunde viele Sagen. Natürlicherweise bemächtigte sich der Bevölkerung ein großes Entsetzen, als bei der Hochflut am 4. September 1890 zwei Bogen, der 6. und der 7., in die hochgehenden Moldaufluten stürzten, wobei auch zwei Menschenleben zugrunde gingen. Nach zweijähriger Arbeit wurde die Brücke wieder der allgemeinen Benutzung übergeben."

Griebens Reiseführer Prag, 1911

„Jeder hat seinen beißenden nächtezerstörenden Teufel in sich und das ist weder gut noch schlecht, sondern es ist Leben: Hätte man den nicht, würde man nicht leben. Was Sie in sich verfluchen, ist also Ihr Leben. Dieser Teufel ist das Material (und im Grunde ein wunderbares), das Sie mitbekommen haben und aus dem Sie nun etwas machen sollen. Wenn Sie auf dem Land gearbeitet haben, so war das meines Wissens keine Ausflucht, sondern Sie haben Ihren Teufel hingetrieben so wie man ein Vieh, das sich bisher nur in den Gassen von Teplitz genährt hat, einmal auf eine bessere Weide treibt. Auf der Karlsbrücke in Prag ist unter einer Heiligenstatue ein Relief, das Ihre Geschichte zeigt. Der Heilige pflügt dort ein Feld und hat in den Pflug einen Teufel eingespannt. Der ist zwar noch wütend (also Übergangsstadium; solange nicht auch der Teufel zufrieden ist, ist es kein ganzer Sieg), fletscht die Zähne, schaut mit schiefem bösem Blick nach seinem Herrn zurück und zieht krampfhaft den Schwanz ein, aber unter das Joch ist er doch gebracht. Nun sind Sie ja, Minze, keine Heilige und sollen es auch nicht sein und es ist gar nicht nötig und wäre schade und traurig, wenn alle Ihre Teufel den Pflug ziehen sollten, aber für einen großen Teil von ihnen wäre es gut und es wäre eine große gute Tat, die Sie damit getan hätten. Ich sage das nicht, weil es nur mir so scheint, – Sie selbst streben im Innersten danach."

Franz Kafka an Minze Eisner (1920)

Kafka bezieht sich in diesem Zitat auf ein Relief, das sich am Sockel der Statuengruppe „Der heilige Vincentius Ferrerius und der heilige Prokop" (von Johann Brokoff) auf der Karlsbrücke befindet. Es handelt sich dabei, von der Kleinseite aus gezählt, um die sechste Statue auf der rechten Brückenseite. Der heilige Prokop, Gründer und Einsiedler des ehrwürdigen Klosters Sázava, ist ein in Böhmen sehr volkstümlicher Heiliger. Als Eremit soll er den Teufel gezähmt und sich dienstbar gemacht haben. Noch heute erinnert der Name eines kleinen Tales bei Prag an diesen Heiligen, der dort in einer Höhle gehaust haben soll.

> „Mit Ottla. Sie von der Englischlehrerin abgeholt. Über den Quai, steinerne Brücke, kurzes Stück Kleinseite, neue Brücke, nachhause. Aufregende Heiligenstatuen auf der Karlsbrücke. Das merkwürdige Abendlicht der Sommerzeit bei nächtlicher Leere der Brücke."
>
> Tagebucheintrag vom 19. Juni 1916

Von Kafka erwähntes Relief an einer Statue auf der Karlsbrücke

„Menschen, die über dunkle Brücken gehn,
vorüber an Heiligen
mit matten Lichtlein.

Wolken, die über grauen Himmel ziehn
vorüber an Kirchen
mit verdämmernden Türmen.

Einer, der an der Quaderbrüstung lehnt
und in das Abendwasser schaut,
die Hände auf alten Steinen."

Franz Kafka an Oskar Pollak (1903)

Auf dem Laurenziberg

(Petřín)

„Zum Laurenziberg gelangt man von der Aujezd-Gasse (Újezd). Bis dahin führt die Straßenbahn; auf der bergwärts gelegenen Seite der Straße mündet nahe der Aujezder Kaserne zwischen den Häusern Nr. 5 und 13 ein enges Gäßchen (K lanové dráze), der Zugang zu den Anlagen. Man kann entweder zu Fuß auf Serpentinwegen durch die hübschen Parkanlagen emporsteigen oder die Drahtseilbahn benutzen. Als Besuchszeit ist der Spätnachmittag zu empfehlen.

Ein zweiter Zugang führt von der Welschen Gasse (Vlašská) zwischen den Mauern des Lobkowicz- und des Strahower Gartens über 266 Steinstufen in 20 Min. zur Höhe. Dieser Weg wird vorteilhaft zur Rückkehr benutzt. Auch vom Kinsky-Garten kann man auf halber Anhöhe durch die Hungermauer in die Laurenziberg-Anlagen gelangen.

Der Laurenziberg (tschech. Petřín), 322 m hoch, ist der östliche Ausläufer des Weißen Berges. Er nimmt in der Sagengeschichte Böhmens eine hervorragende Stelle ein, denn schon die heidnischen Bewohner des Landes sollen auf dem Berge ihren Göttern geopfert, und Libuscha soll von hier die einstige Größe Prags prophezeit haben. Karl IV. umgab 1360 den Berg mit einer hohen gezackten Mauer, welche noch jetzt über dem schönen Grün der Buchenwaldung hervorragt und sich über den Rücken des Berges vom Strahower Stift bis zum Aujezd herabzieht. Sie führt den Namen Brot- oder Hungermauer, weil sie während einer Hungersnot aufgerichtet wurde, wodurch der Kaiser vielen Menschen Verdienst verschaffte. Jetzt ist sie an einer Stelle durchbrochen, und die Anlagen des Laurenziberges sind dadurch mit dem Kinskygarten verbunden [Die hier erwähnte ‚Hungermauer' inspirierte Franz Kafka zu seiner Erzählung ‚Beim Bau der chinesischen Mauer', Anm. d. Verf.].

Im obersten Teil der Anlagen die Restauration Hasenburg (tschech. Nebozízek) mit prachtvoller Aussicht. Hinter derselben führt der Weg weiter zur Laurentiuskirche auf der Spitze des Berges, erbaut 1770 an Stelle einer Kapelle, die schon im 11. Jahrhundert bestand; sie besitzt einige hübsche Gemälde. [...]

Seit 1891 ist auf der höchsten Fläche des Laurenziberges ein aus Eisen konstruierter Aussichtsturm (Petřinwarte) nach dem Vorbild des Eiffelturms errichtet, 60 m hoch (384 m über dem Meere und etwa 200 m über der Moldau). Der Turm besteht aus zwei Stockwerken, von denen das erste in einer Höhe von 20 m mit einer Rundgalerie versehen ist. Das zweite Stockwerk ist 54 m hoch. Beide Stockwerke sind mittels eines doppelten bequemen, 299 Stiegen zählenden Stiegenganges oder auch mittels eines Personenaufzuges zugänglich. [...] Die Aussicht von dem Turm auf Prag und Umgegend ist außerordentlich schön. Man blickt bis zum Erzgebirge und über das malerische Mittelgebirge bis zum Iser- und Riesengebirge, auf der entgegengesetzten Seite bis zum Böhmerwald. In den ebenerdigen Lokalitäten des Aussichtsturmes befindet sich ein komfortabel eingerichtetes Kaffee- und Bierhaus."

Griebens Reiseführer Prag, 1911

Das Gärtnerhaus auf dem Laurenziberg

Wenige Schritte entfernt von der Restauration Hasenburg (Nebozízek), die nahe der Mittelstation der Seilbahn liegt, befindet sich unter dem Dach grüner Bäume ein Gebäude, das ehemals als Wohnung des Parkgärtners dienende „Gärtnerhaus". Davor ließ Kafka eine Szene in der *Beschreibung eines Kampfes* spielen:

> „Mir war sehr kalt und schon neigte sich der Himmel ein wenig in weißlicher Farbe. ‚Da wird keine Schandthat helfen, keine Untreue oder Abreise in ein entferntes Land. Sie werden sich morden müssen‘, sagte ich und lächelte außerdem. [...]

> ‚Wie ist das doch‘, sagte mein Bekannter, der mit mir aus der Gesellschaft gekommen war und ruhig neben mir auf einem Wege des Laurenziberges gieng. ‚Bleiben sie endlich ein wenig stehen, damit ich mir darüber klar werde. – Wissen Sie, ich habe eine Sache zu erledigen. Das ist so anstrengend – diese wohl kalte und auch bestrahlte Nacht, aber dieser unzufriedene Wind, der sogar bisweilen die Stellung jener Akazien zu verändern scheint.‘
> Der Mondschatten über dem Gärtnerhaus war über den ein wenig gewölbten Weg gespannt und mit dem geringen Schnee verziert. Als ich die Bank erblickte, die neben der Thüre stand, zeigte ich mit erhobener Hand auf sie,

Der Aussichtsturm auf dem Laurenziberg (um 1895)

denn ich war nicht muthig und erwartete Vorwürfe, legte daher meine linke Hand auf meine Brust.

Er setzte sich überdrüssig, ohne Rücksicht gegen seine schönen Kleider und brachte mich in Staunen, als er seine Ellbogen gegen seine Hüften drückte und seine Stirn in die durchgebogenen Fingerspitzen legte. [...]

Da zog mein Bekannter ohne Umstände aus seiner Tasche ein Messer, öffnete es nachdenklich und stieß es dann wie im Spiele in seinen linken Oberarm und entfernte es nicht. Gleich rann Blut. Seine runden Wangen waren blaß. Ich zog das Messer heraus, zerschnitt den Ärmel des Winterrocks und des Fracks, riß den Hemdärmel auf. Lief dann eine kurze Strecke des Wegs hinunter und aufwärts, um zu sehen, ob niemand da sei, der mir helfen könnte. Alles Gezweige war fast grell sichtbar und

Gärtnerhaus auf dem Laurenziberg

unbewegt. Dann saugte ich ein wenig an der tiefen Wunde. Da erinnerte ich mich an das Gärtnerhäuschen. Ich lief die Stiegen aufwärts, die zu dem erhöhten Rasen an der linken Seite des Hauses führten, ich untersuchte die Fenster und Thüren in Eile, ich läutete wüthend und stampfend, obwohl ich gleich gesehen hatte, daß das Haus unbewohnt war. Dann sah ich nach der Wunde, die in dünnem Strom blutete. Ich näßte sein Tuch im Schnee und umband ungeschickt seinen Arm."

Franz Kafka, Beschreibung eines Kampfes

Den August des Jahres 1905 verbrachte der durch die Studienstrapazen erholungsbedürftige Student Kafka in einem Sanatorium im schlesischen Zuckmantel. Die Bekanntschaft mit einer reiferen Dame („eine Frau, ich unwissend") brachte ihm nebst der nötigen Abwechslung eine Liebesaffäre. Seinem Freund Max Brod schrieb er:

> „Lieber B.
> Sicher, ich hätte Dir geschrieben, wenn ich in Prag geblieben wäre. So aber bin ich leichtsinnig, schon die vierte Woche in einem Sanatorium in Schlesien, sehr viel unter Menschen und Frauenzimmern und ziemlich lebendig geworden. Franz K."

Franz Kafka an Max Brod (1905)

Bevor Kafka nach Prag zurückkehrte, um sich dem bevorstehenden Examen zu widmen, verbrachte er noch einige Wochen bei Verwandten im südböhmischen Städtchen Strakonitz. In den darauffolgenden Wochen war freilich wenig Zeit für studentische Lustbarkeiten. Die Prüfungsvorbereitung wurde zum „Mittelpunkt der traurigen Welt". Am 7. November 1905 legte er mit Erfolg das zweite mündliche Rigorosum (Zivil-, Handels- und Wechselrecht) ab.

Zeitgeschichtlicher Hintergrund

1905/06 * Errichtung des Verlagshauses Topič in der
damaligen Ferdinandstraße (heute Národní třída)

1906 * Kaiser Franz Joseph besucht u. a. Reichenberg.
* Die erste Ausgabe der jüdischen Wochenschrift
Selbstwehr erscheint.
* Zikmund Winter: *Mistr Kampanus*
* Max Brod: *Tod den Toten*
* Richard von Schaukal: *Kapellmeister Kreisler*
* Rainer Maria Rilke: *Die Weise von Liebe
und Tod des Cornets Christoph Rilke*

Dächer der Kleinseite mit Prager Burg

„In Wirklichkeit endete mit Kafka das geistige Prag jener tschechisch-
deutsch-österreichisch-jüdischen Synthese, die die Stadt metropolitan ge-
tragen und durch Jahrhunderte inspiriert hatte."

Johannes Urzidil, *Da geht Kafka*

1906
Promotion

Nachdem Kafka am 13. März 1906 auch das dritte Rigorosum (Allgemeines und Österreichisches Staatsrecht, Völkerrecht und Politische Ökonomie) knapp sowie das Rigorosum I (Römisches, Kanonisches und Deutsches Recht) immerhin einstimmig bestanden hatte, stand einem Abschluß der Universitätsstudien nichts mehr im Wege.

Franz Kafka wurde am 18. Juni 1906 im Festsaal der traditionsreichen Karl-Ferdinand-Universität zu Prag feierlich zum Doktor juris promoviert. Schon während der Prüfungszeit, seit dem 1. April 1906, arbeitete Kafka als Konzipient in der Advokatur Dr. Richard Löwys am Altstädter Ring Nr. 16. Nach einem neuerlichen Sommerurlaub in Zuckmantel bzw. einem Aufenthalt bei seinem Onkel Dr. Siegfried Löwy in Triesch trat Kafka ab Oktober desselben Jahres schließlich das für den Staatsdienst obligatorische Gerichtsjahr an, zuerst im Landeszivilgericht am Obstmarkt (Ovocný trh) Nr. 14, dann im Landesstrafgericht am Karlsplatz (neben dem Neustädter Rathaus). In dieser Zeit entstand das Romanfragment *Hochzeitsvorbereitungen auf dem Lande.*

Landesstrafgericht am Karlsplatz

91

Das Gerichtsgebäude am Obstmarkt
Ovocný trh 14/Celetná 36, Praha 1

„Erbaut auf den Grundmauern eines Bürgerhauses, ge-
langte das Gebäude 1409 in den Besitz von König Wenzel IV., der es dem Gebäudekomplex des Königshofes
eingliederte. Von den Hussitenkriegen bis zum Jahre
1783 befand sich hier der Münzhof, seit 1784 die Prager
Militärkommandantur. Das jetzige Gebäude stammt aus
den fünfziger Jahren des 18. Jh. Es wurde vom Münz-
meister Franz Josef Pachta von Rájov nach Plänen von
J. J. Wirch erbaut. Die den Balkon tragenden Portalfigu-
ren, Bergarbeiter und Soldaten darstellend, wurden von
Ignaz Franz Platzer geschaffen und verweisen auf die frü-
here Funktion des Gebäudes als Münzhof bzw. Militär-
gebäude. Seit 1850 dient es als Gerichtsgebäude. Zu diesem Zweck wurde durch einen Neubau (1857–1858) im
neobarocken Stil von J. Malíček eine Erweiterung in
Richtung Obstmarkt (Ovocný trh) vorgenommen.

Gericht am Obstmarkt

92

Am 12. Juni 1848, bei Ausbruch der Pfingstrevolution in Prag, kam es vor diesem Gebäude zu ersten Kämpfen mit Truppen von General Windischgrätz, dem Militärkommandanten von Prag. Durch eine verirrte Kugel, abgefeuert aus dem gegenüberliegenden Hotel (Haus Zum goldenen Engel), wurde die im Salon am Fenster stehende Fürstin Marie Eleonore Windischgrätz, geborene Prinzessin Schwarzenberg, Schwester des Ministerpräsidenten Felix Schwarzenberg und des Salzburger, später Prager Kardinals Friedrich Schwarzenberg, erschossen. Das Gerichtsgebäude war Schauplatz der beruflichen Tätigkeit vieler Generationen von Juristen, unter ihnen Franz Kafka und Max Brod. Die schier endlosen Gänge dieses Labyrinthes aus Gerichtsstuben, Büros und Wartezimmern haben ihren Teil zur literarischen Topographie in Franz Kafkas Roman ,Der Prozeß' beigetragen."

Hugo Rokyta, *Die Böhmischen Länder – Prag*

Das Geschäft des Vaters Hermann Kafka war schon im Mai 1906 aus Platzgründen in die Zeltnergasse (Celetná) Nr. 12 übersiedelt, wo es sich bis September 1907 befand.

Balkon des Kafkaschen Geschäftshauses Zeltnergasse 12

Zeitgeschichtlicher Hintergrund

1906/07 * Errichtung des Gebäudes der
Versicherungsanstalt Praha in der
Ferdinandstraße (Národní třída)

1907 * Einführung des allgemeinen Wahlrechts
in Österreich-Ungarn
* Im April besucht Kaiser Franz Joseph Prag.
* Das Deutsche Theater Berlin gastiert
im Deutschen Volkstheater Prag mit
Wedekinds *Frühlings Erwachen.*
* Der Germanist August Sauer wird Rektor
der Prager Karl-Ferdinand-Universität.
* Gustav Meyrink: *Wachsfigurenkabinett*

Kaiser Franz Joseph (Ölgemälde von Robert Schiffer, 1915)

1904/05
Tätigkeit bei der
Assicurazioni Generali

Den Sommer des Jahres 1907 verbrachte Kafka wieder bei seinem Onkel in Triesch. Dort verliebte er sich in das aus Mähren stammende jüdische Mädchen Hedwig Weiler, das an der Wiener Universität Philosophie studierte. Wien – das war weit weg für einen Prager Berufseinsteiger, aber vielleicht ließe sich ein Studium an der dortigen Exportakademie einrichten, dann würde er Hedwig nahe sein können. Aber das waren Sommerträume, das Erwachen kam im Herbst.

Im Oktober 1907 trat Kafka seine erste Arbeitsstelle an, und zwar bei der Versicherungsgesellschaft Assicurazioni Generali. Das Gebäude am Wenzelsplatz Nr. 19 wurde um 1900 im Prager Neobarockstil errichtet und besteht bis heute nahezu unverändert.

> „Nun im Bureau. Ich bin bei der Assicurazioni-Generali, und habe immerhin Hoffnung, selbst auf den Sesseln sehr entfernter Länder einmal zu sitzen, aus den Bureaufenstern Zuckerrohrfelder oder mohammedanische Friedhöfe zu sehn, und das Versicherungswesen selbst interessiert mich sehr, aber meine vorläufige Arbeit ist traurig. Und doch ist es manchmal hübsch, die Feder dort hinzulegen und sich vielleicht vorzustellen, daß man Deine Hände aufeinanderlegt, sie mit einer Hand umfaßt, und jetzt zu wissen, man würde sie nicht loslassen, selbst wenn einem die Hand im Gelenk ausgeschraubt würde."
>
> Franz Kafka an Hedwig Weiler (1907)

Es dauerte nur wenige Monate, bis Kafka sich nach einer neuen Stelle umzusehen begann. Die Arbeitszeit bei der

Gebäude der Assicurazioni Generali
auf dem Wenzelsplatz

Generali war ihm zu lang, und seine Vorstellung von fernen Ländern und dem Blick auf „mohammedanische Friedhöfe" oder ähnliches entpuppte sich als Romantik, die, wenn überhaupt, so doch erst nach langen Jahren würde Wirklichkeit werden können. Franz Kafka diente als Aushilfskraft täglich von acht Uhr morgens bis nicht selten halb neun Uhr abends, bei nur sieben Urlaubstagen pro Jahr und achtzig Kronen Monatsgehalt. Das waren harte Arbeitsbedingungen für den Schriftsteller, dem damit kaum Zeit blieb für seine eigentliche Berufung.

„Er plagte sich in der privaten Versicherungsanstalt, die ‚Assicurazioni Generali' hieß und ihren prunkvollen Sitz am Eck von Wenzelsplatz und Heinrichsgasse [Jindřišská, Anm. d. Verf.] hatte. Er plagte sich, obwohl sein literarisch interessierter und ebenso gebildeter wie ironischer Chef, Direktor Eisner [ein naher Verwandter des später als Übersetzer ins Tschechische und Schriftsteller bekanntgewordenen Paul Eisner, Anm. d. Verf.], ihn sehr wohlwollend behandelte."

Max Brod, *Über Franz Kafka*

„Curriculum Vitae
Ich bin am 3. Juli 1883 in Prag geboren, besuchte die Altstädter Volksschule bis zur 4ten Klasse, trat dann in das Altstädter Deutsche Staatsgymnasium; mit 18 Jahren begann ich meine Studien an der deutschen Karl-Ferdinand-Universität in Prag. Nachdem ich die letzte Staatsprüfung absolviert hatte, trat ich am 1. April 1906 als

Concipient beim Adv. Dr. Richard Löwy, Altstädter Ring, ein. Im Juni legte ich das historische Rigorosum ab und wurde in demselben Monat zum Doktor der Rechte promoviert.

Ich war, wie ich es mit dem Herrn Advokaten auch gleich vereinbart hatte, in die Kanzlei nur eingetreten, um die Zeit auszunützen, denn schon am Anfang hatte ich die Absicht, nicht bei der Advokatur zu bleiben. Am 1. Oktober 1906 trat ich in die Rechtspraxis ein und blieb dort bis zum 1. Oktober 1907.

Dr. Franz Kafka" (1907)

In diesen Tagen übersiedelte das väterliche Geschäft ins Palais Kinsky auf dem Altstädter Ring. Der neue Geschäftssitz war ein sichtbarer Beleg für die Prosperität des Kafkaschen Unternehmens, so verwundert es auch nicht, wenn Kafka in einem Gutachten der Generali-Versicherungsgesellschaft mit den Worten empfohlen wird: „Er entstammt einer angesehenen Familie."

Schon im Juni desselben Jahres war die Familie aus dem mittelalterlichen Haus „Zu den drei Königen" in die mondäne Niklasstraße (Pařížská) gezogen. Das neue Wohnhaus „Zum

Wenzelsplatz (um 1895)

Franz Kafka mit 27 Jahren

Schiff" (Niklasstraße 36) war einer der gerade erst aufgeführten Mietspaläste, für die das alte Prager Ghetto geopfert worden war. Das Haus „Zum Schiff" besteht nicht mehr, es wurde 1945 zerstört. Einer Tagebuchaufzeichnung Franz Kafkas verdanken wir einen Eindruck von seinem Zimmer im (nach amtlicher Bezeichnung) dritten Stockwerk des Gebäudes:

„Gegen Abend im Dunkel in meinem Zimmer auf dem Kanapee. Warum braucht man längere Zeit um eine Farbe zu erkennen wird dann aber nach der entscheidenden Biegung des Verständnisses rasch immer überzeugter von der Farbe. Wirkt auf die Glastür von außen her das Licht des Vorzimmers und jenes der Küche gleichzeitig, so gießt sich grünliches oder besser um den sichern Eindruck nicht zu entwerten, grünes Licht die Scheiben fast ganz hinab. Wird das Licht im Vorzimmer abgedreht und bleibt nur das Küchenlicht, so wird die der Küche nähere Scheibe tiefblau, die andere weißlich blau so weißlich, daß sich die ganze Zeichnung auf dem Mattglas (stilisierte Mohnköpfe, Ranken, verschiedene Vierecke und Blätter) auflöst. – Die von dem elektrischen Licht auf der Straße und der Brücke unten auf die Wände und die Decke geworfenen Lichter und Schatten sind ungeordnet zum Teil verdorben einander überdeckend und schwer zu überprüfen. Es wurde eben bei der Aufstellung der elektrischen Bogenlampen unten und bei der Einrichtung dieses Zimmers keine hausfrauenmäßige Rücksicht darauf genommen, wie mein Zimmer zu dieser Stunde vom Kanapee aus ohne eigene Zimmerbeleuchtung aussehn wird. – Der von der unten fahrenden Elektrischen an die Decke emporgeworfene Glanz fährt weißlich, schleierhaft und mechanisch stockend die eine Wand und die Decke, in der Kante gebrochen, entlang. – Der Globus steht im ersten frischen vollen Widerschein der Straßenbeleuchtung auf dem oben grünlich rein überleuchteten Wäschekasten, hat einen Glanzpunkt auf seiner Rundung und ein Aussehn, als sei ihm der Schein doch zu stark, trotzdem das Licht an seiner Glätte vorüberfährt und ihn eher bräunlich, lederapfelartig zurückläßt. – Das Licht aus dem Vorzimmer bringt einen großflächigen Glanz an der Wand über dem Bett hervor, der in einer geschwungenen Linie vom Kopfende des Bettes aus begrenzt wird, das Bett im Anblick niederdrückt, die dunklen Bettpfosten verbreitert, die Zimmerdecke über dem Bette hebt."

Tagebucheintrag vom 4. Oktober 1911

In diesem Zimmer sollte Franz Kafka in der Nacht vom 22. auf den 23. September 1912 seine Erzählung *Das Urteil* verfassen (auch *Die Verwandlung* und *Der Verschollene* entstanden in diesem Raum).

Von seinem Zimmerfenster aus blickte Kafka auf die 1908 gerade neu erbaute Čechbrücke:

„Der Anblick von Stiegen ergreift mich heute so. Schon früh und mehrere Male seitdem freute ich mich an dem von meinem Fenster aus sichtbaren dreieckigen Ausschnitt des steinernen Geländers jener Treppe die rechts von der Čechbrücke zum Quaiplateau hinunter führt. Sehr geneigt, als gebe sie nur eine rasche Andeutung. Und jetzt sehe ich drüben über dem Fluß eine Leitertreppe auf der Böschung die zum Wasser führt. Sie war seit jeher dort, ist aber nur im Herbst und Winter durch Wegnahme, der sonst vor ihr liegenden Schwimmschule enthüllt und liegt dort im dunklen Gras unter den braunen Bäumen im Spiel der Perspektive."

Tagebucheintrag vom 29. September 1911

Schon vom Bau dieser Brücke hatte Kafka in einem Brief an Hedwig Weiler erzählt:

„Ich paßte vorige Woche wirklich in diese Gasse, in der ich wohne und die ich nenne ‚Anlaufstraße für Selbstmörder‘, denn diese Straße führt breit zum Fluß, da wird eine Brücke gebaut, und das Belvedere auf dem andern Ufer, daß sind Hügel und Gärten, wird untertunelliert werden, damit man durch die Straße über die Brücke, unter dem Belvedere spazieren kann. Vorläufig aber steht nur das Gerüst der Brücke, die Straße führt nur zum Fluß. Aber das ist alles nur Spaß, denn es wird immer

schöner bleiben, über die Brücke auf das Belvedere zu
gehn, als durch den Fluß in den Himmel."

Franz Kafka an Hedwig Weiler (1908)

Auch in der Schlußsequenz des *Urteils* wird die topographi-
sche Beziehung zur Čechbrücke deutlich:

„Aus dem Tor sprang er, über die Fahrbahn zum Wasser
trieb es ihn. Schon hielt er das Geländer fest, wie ein
Hungriger die Nahrung. Er schwang sich über, als der
ausgezeichnete Turner, der er in seinen Jugendjahren
zum Stolz seiner Eltern gewesen war. Noch hielt er sich
mit schwächer werdenden Händen fest, erspähte zwischen den Geländerstangen einen Autoomnibus, der mit
Leichtigkeit seinen Fall übertönen würde, rief leise: ‚Liebe Eltern, ich habe euch doch immer geliebt', und ließ
sich hinabfallen.
   In diesem Augenblick ging über die Brücke ein geradezu unendlicher Verkehr."

Franz Kafka, *Das Urteil*

Čechbrücke; hinter der rechten Brückensäule das neu erbaute
Wohnhaus „Zum Schiff" (um 1907)

Zeitgeschichtlicher Hintergrund

1908   * Große Ausstellung anläßlich des 60jährigen
            Regierungsjubiläums Kaiser Franz Josephs I.
          * Der Prager Slawenkongreß wird zu einer
            Demonstration des Panslawismus.
          * Standrecht wegen Ausschreitungen
            gegen Deutsche in Prag
          * Der Dichter Svatopluk Čech stirbt.
          * Karl Hans Strobl: *Der Schipkapaß*
          * Max Brod: *Schloß Nornepygge*

1908–11   * Errichtung des Neuen Rathauses
            auf dem Marienplatz (O. Polívka)

1909   * Eröffnung des Prager Technischen Museums
          * Schließung des Deutschen Volkstheaters aus
            wirtschaftlichen Gründen
          * Rudolf Steiner hält Vorträge in Prag.

1910   * Beginn der Serienproduktion
            des Automobils „Praga"
          * Auflösung des „Klub Mladých", einer konspirati-
            ven, gegen Österreich gerichteten Vereinigung
          * Karl Kraus liest in der „Lese- und Redehalle
            deutscher Studenten".
          * Rainer Maria Rilke: *Die Aufzeichnungen
            des Malte Laurids Brigge*

1911   * Beginn der Bauarbeiten an der Mánesbrücke
          * Errichtung des Denkmals für Karel Hynek Mácha
            (V. Myslbek) auf dem Laurenziberg
          * Heinrich Teweles wird Direktor
            des Neuen Deutschen Theaters.

1908-1911
Erste Jahre in der „Arbeiter-Unfall-Versicherungs-Anstalt für das Königreich Böhmen in Prag"
(Dělnická úrazová pojišťovna pro království české)
Na Poříčí 7, Praha 1

Am 30. Juli 1908, im selben Jahr also, als die Zeitschrift *Hyperion* erstmals kürzere Prosastücke Kafkas veröffentlichte, nahm der Schriftsteller eine Tätigkeit als Aushilfsbeamter bei der Arbeiter-Unfall-Versicherungs-Anstalt auf, der weitaus größten Institution dieser Art in der ganzen Habsburger Monarchie. Kafka sollte ihr bis zu seiner Frühpensionierung im Jahr 1920 angehören. Die Arbeiter-Versicherungs-Anstalt war 1889 gegründet worden.

Dr. Otto Přibram, Der Vater von Kafkas Schulfreund Ewald Felix Přibram, war seit 1895 Präsident der Anstalt; dieser Bekanntschaft hatte Kafka den ansonsten wohl schwer zu erringenden Posten in der halbstaatlichen Organisation zu verdanken.

Das 1896 fertiggestellte Gebäude der Anstalt dient heute einem anderen Zweck, doch kann man sich mit ein wenig Phantasie immer noch sehr gut Kafkas Arbeitswelt vorstellen. Kafka hatte sein Büro anfangs im obersten und später im ersten Stock, wo sich auch das Zimmer des Anstaltspräsidenten befand.

Gebäude der ehemaligen „Arbeiter-Unfall-Versicherungs-Anstalt"

103

Die Verhältnisse in dieser Anstalt entsprachen Kafkas Wünschen weitaus besser als die Tätigkeit bei der Generali. Die Arbeitszeit dauerte von acht bis vierzehn Uhr, kaum länger als bei einer Halbtagsstelle, und der Verdienst war recht gut.

Franz Kafka entwickelte sich bald zu einem bedeutenden Versicherungsfachmann. Er hatte anfangs die von ihm betreuten Unternehmen nach Gefahrenklassen einzuordnen und diese Betriebe zu besuchen und zu kontrollieren. Zu Kafkas Aufgabenbereichen gehörte auch die Vertretung der Anstalt in Angelegenheiten vor Gericht, das Erstellen von Statistiken, die Führung von selbständigen Korrespondenzen, die Organisation des Unfallschutzes der Arbeiter und einiges mehr.

> „In meinen vier Bezirkshauptmannschaften fallen – von meinen übrigen Arbeiten abgesehn – wie betrunken die Leute von den Gerüsten herunter, in die Maschinen hinein, alle Balken kippen um, alle Böschungen lockern sich, alle Leitern rutschen aus, was man hinauf gibt, das stürzt hinunter, was man herunter gibt, darüber stürzt man selbst. Und man bekommt Kopfschmerzen von diesen jungen Mädchen in den Porzellanfabriken, die unaufhörlich mit Türmen von Geschirr sich auf die Treppe werfen."
>
> Franz Kafka an Max Brod (1909)

Bemerkenswert ist die Tatsache, daß Kafka mit der Gründung der Tschechoslowakei seinen Posten nicht verlor, wie es vielen deutschen Pragern erging. Zwar wurden seine Vorgesetzten Eugen Pfohl und Robert Marschner entlassen und durch Tschechen ersetzt, Kafka selbst aber konnte sich halten, einerseits wegen relativ guter Protektion und anderseits wohl aufgrund der Tatsache, daß ihm stets jedes deutsch-patriotische Verhalten fremd war. Während seiner zwölfjährigen Berufskarriere bei dieser Versicherung brachte es Dr. Kafka vom Aushilfsbeamten zum Obersekretär (1910 Concipist, 1913 Vizesekretär, 1920 Sekretär). Kafka wurde von seinen Kollegen und Vorgesetzten sehr geschätzt und mehrfach lobend erwähnt.

> „Als wir beide den ersehnten Beruf ‚mit einfacher Frequenz' (das heißt ohne Nachmittagsdienst) erlangt hat-

ten, fügte es der Zufall, daß die Wege aus unseren Büros nach Hause die gleichen waren. So wartete ich täglich um 2 Uhr mittags beim Pulverturm auf Franz – wie gut und ausführlich habe ich dabei den alten kunstvollen doppelköpfigen Reichsadler im Giebel der Finanzdirektion, Ecke Hybernergasse, studiert, denn Franz kam immer später als ich, er hatte noch amtlich zu tun oder verlor sich in ein Gespräch mit Kollegen – knurrenden Magens patrouillierte ich auf und ab, aber der Ärger war rasch vergessen, wenn die schlanke, hohe Gestalt des Freundes auftauchte, meist mit einem verlegenen Lächeln, das höchsten Schreck, ja Entsetzen über seine lange Verspätung mehr posieren als wirklich ausdrücken sollte.

Dabei hielt er die Hand an sein Herz gepreßt. ‚Ich bin unschuldig‘, bedeutete diese Geste. Und überdies kam er im Laufschritt herangetrabt, so daß man wirklich nichts Heftiges gegen ihn sagen konnte. Auf dem gemeinsamen Weg durch die Zeltnergasse bis zum Altstädter Ring gab es immer unendlich viel zu erzählen. Auch fanden wir, vor Franzens Wohnhaus, noch lange nicht das letzte Wort. Und am Nachmittag oder Abend waren wir dann wieder beisammen.“

Max Brod, Über Franz Kafka

Pulverturm, daneben das Repräsentationshaus (1911)

Schon seit seinen Universitäts führte Kafka Tagebücher. Seine seit etwa 1909 niedergeschriebenen und glücklicherweise erhaltenen Aufzeichnungen sind zentraler Teil seines Schaffens und Schlüssel zu seinem Leben und Werk. Häufig beziehen sich die Einträge auf Prager Örtlichkeiten, die Kafka vertraut waren:

> „Gestern abend auf der Schützeninsel, meine Kollegen nicht gefunden und gleich weggegangen. Ich machte einiges Aufsehen in meinem Röckchen mit dem zerdrückten weichen Hut in der Hand, denn draußen war kalt, hier aber heiß von dem Athem der Biertrinker, Raucher und Bläser des Militärorchesters. Dieses Orchester war nicht sehr erhöht, konnte es auch nicht sein, weil der Saal ziemlich niedrig ist und füllte das eine Ende des Saals bis an die Seitenwände aus. Wie eingepaßt war diese Menge von Musikern in dieses Saalende hineingeschoben. Dieser Eindruck des Gedrängtseins verlor sich dann ein wenig im Saal, da die Plätze nahe beim Orchester ziemlich leer waren und der Saal sich erst gegen die Mitte füllte."
>
> Tagebucheintrag vom 13. Oktober 1911

Zeitgenössisches Militärorchester (1864)

Das Haus der früheren
deutschen Handelsakademie
Masná 8, Praha 1

Zwischen Februar und Mai 1908 war Kafka zur Fortbildung
in diesem Institut eingeschrieben, an dem auch der Schriftsteller Gustav Meyrink seine Reifeprüfung ablegte und der Lyri-
ker und Übersetzer Rudolf Fuchs einen Kurs besuchte.

„Das in Prager Wirtschaftskreisen hochgeschätzte Institut im Besitz der Handelskammer wurde nicht nur von
Deutschen, sondern auch von sehr vielen Tschechen besucht. 1856 wurde die Handelsakademie als erste Hö-
here Handelslehranstalt auf dem Territorium der k. k.
Monarchie gegründet. Zweifellos gilt Franz Kafka, der
hier 1908 einen Kurs für Arbeiter-Versicherungswesen
absolvierte, als der berühmteste Schüler der Anstalt.“

Hugo Rokyta, *Die Böhmischen Länder – Prag*

Ehemalige Deutsche Handelsakademie

107

Französisches Militärflugzeug „Astra" (um 1912)

Im September des Jahres 1909 reiste Kafka, dem ein achttägiger Sonderurlaub gewährt worden war, mit Max und Otto Brod nach Riva am Gardasee und besuchte von dort aus eine Flugveranstaltung in Brescia. Der Text *Die Aeroplane von Brescia*, der während des Ausfluges entstand, gilt als eine der ersten literarischen Beschreibungen moderner Flugmaschinen in der deutschsprachigen Literatur. Am 29. September desselben Jahres erschien der Aufsatz gekürzt in der Prager deutschen Tageszeitung *Bohemia*.

Im Aeroplan über Kuchelbad (1911)

Nach seiner Rückkehr an die Moldau begann Kafka mit den Arbeiten zur zweiten Fassung seiner *Beschreibung eines Kampfes.* Wenige Monate danach, im März 1910, druckte die *Bohemia* Auszüge der Erzählung ab.

Kafka unterhielt in dieser Zeit Kontakte zum Verein jüdischer Studenten „Bar-Kochba" und kam erstmals mit der zionistischen Bewegung in Berührung, die der jungen Generation als große Alternative zum assimilatorischen Weg der Vätergeneration erschien. Auch vom halbherzigen Glauben seines Vaters wollte er sich freimachen:

> „Es war ja wirklich, soweit ich sehen konnte, ein Nichts, ein Spaß, nicht einmal ein Spaß. Du giengst an vier Tagen im Jahr in den Tempel, warst dort den Gleichgültigen zumindest näher, als jenen, die es ernst nahmen, erledigtest geduldig die Gebete als Formalität, setztest mich manchmal dadurch in Erstaunen, daß Du mir im Gebetbuch die Stelle aufmischen konntest, die gerade recitiert wurde, im übrigen durfte ich, wenn ich nur (das war die Hauptsache) im Tempel war, mich herumdrücken, wo ich wollte. Ich

Altneusynagoge in der Prager Judenstadt (um 1865)

durchgähnte und durchduselte also dort die vielen Stunden (so gelangweilt habe ich mich später, glaube ich, nur noch in der Tanzstunde) und suchte mich möglichst an den paar kleinen Abwechslungen zu freuen, die es dort gab, etwa wenn die Bundeslade aufgemacht wurde, was mich immer an die Schießbuden erinnerte, wo auch, wenn man in ein Schwarzes traf, eine Kastentüre sich aufmachte, nur daß dort aber immer etwas Interessantes herauskam und hier nur immer wieder die alten Puppen ohne Köpfe. Übrigens habe ich dort auch viel Furcht gehabt, nicht nur wie selbstverständlich vor den vielen Leuten, mit denen man in nähere Berührung kam, sondern auch deshalb, weil Du einmal nebenbei erwähntest, daß auch ich zur Thora aufgerufen werden könne. Davor zitterte ich jahrelang. Sonst aber wurde ich in meiner Langweile nicht wesentlich gestört, höchstens durch die Barmizwe, die aber nur lächerliches Auswendiglernen verlangte, also nur zu einer lächerlichen Prüfungsleistung führte, und dann, was Dich betrifft durch kleine, wenig bedeutende Vorfälle, etwa wenn Du zur Thora gerufen wurdest und dieses für mein Gefühl ausschließlich gesellschaftliche Ereignis gut überstandest oder wenn Du bei der Seelengedächtnisfeier im Tempel bliebst und ich

Interieur in der Altneusynagoge (1870)

Grabstein auf dem Alten Jüdischen Friedhof in Prag (1865)

weggeschickt wurde, was mir durch lange Zeit, offenbar wegen des Weggeschicktwerdens und mangels jeder tieferen Teilnahme, lange das kaum bewußt werdende Gefühl hervorrief, daß es sich hier um etwas Unanständiges handle. – So war es im Tempel, zuhause war es womöglich noch ärmlicher und beschränkte sich auf den ersten Sederabend, der immer mehr zu einer Komödie mit Lachkrämpfen wurde, allerdings unter dem Einfluß der größer werdenden Kinder. (Warum mußtest Du Dich diesem Einfluß fügen? Weil Du ihn hervorgerufen hast.) Das war also das Glaubensmaterial, das mir überliefert wurde, dazu kam höchstens noch die ausgestreckte Hand, die auf ‚die Söhne des Millionärs Fuchs‘ hinwies, die an den hohen Feiertagen mit ihrem Vater im Tempel waren. Wie man mit diesem Material etwas besseres tun könnte, als es möglichst schnell loszuwerden, verstand ich nicht; gerade dieses Loswerden schien mir die pietätvollste Handlung zu sein.“

Franz Kafka, *Brief an den Vater*

111

Im Jahre 1910 gastierten ostjüdische Schauspieler in Prag. Kafka, der von Max Brod im Mai zu einer Vorstellung mitgenommen worden war, betrachtete fasziniert die Welt der fremden Theaterkünstler, ihre ausgeprägte Religiosität und Exotik.

Als im Herbst des Jahres 1911 das Jiddische Theater des aus Warschau stammenden Jizchak Löwy im Café-Restaurant Savoy am Ziegenplatz eine erste Vorstellung gab – die Kafka mit Brod besuchte –, war dies der Auftakt für eine über längere Zeit hinweg dauernde intensive Beschäftigung mit dem östlichen Judentum. In ihm sah Kafka nicht nur eine unverbrauchte, frische volkstümliche Spiritualität, sondern auch einen Schlüssel zu seiner eigenen Identität.

Kafka besuchte an die 20 Vorstellungen dieser Theatergruppe aus Galizien. Er engagierte sich für die „Lemberger", indem er u. a. über Max Brod im *Prager Tagblatt* bzw. auch in der jüdischen Wochenschrift *Selbstwehr* für Berichterstattung sorgte

Gebäude des ehemaligen Café Savoy.
Im Parterre dieses Wohnhauses befindet
sich heute eine einfache Gaststätte.

Gemüsemarkt (um 1880)

oder sich um Gastspielengagements in der böhmischen Provinz bemühte. In den Tagebuchaufzeichnungen der nachfolgenden Zeit ist neben Kafkas Faszination auch der Widerwille des Vaters festgehalten, der mit diesen „Schmierenkomödianten" wenig anzufangen wußte:

> „Löwy – Mein Vater über ihn: Wer sich mit Hunden zu Bett legt, steht mit Wanzen auf. Ich konnte mich nicht halten und sagte etwas ungeordnetes. Darauf der Vater besonders ruhig (allerdings nach einer großen Pause die anders ausgefüllt war): ‚Du weißt, daß ich mich nicht aufregen darf und geschont werden muß. Komm mir also noch mit solchen Sachen. Ich habe der Aufregungen gerade genug, vollständig genug. Also laß mich mit solchen Reden.' Ich sage: ‚Ich strenge mich an, mich zurückzuhalten', und fühle beim Vater wie immer in solchen äußersten Augenblicken das Dasein einer Weisheit von der ich nur einen Athemzug erfassen kann."

Tagebucheintrag vom 3. November 1911

Die Civilschwimmschule an der Čechbrücke
(Občanská plovárna)

An heißen Sommertagen besuchte Kafka neben der Badeanstalt auf der Sophieninsel oft die Civilschwimmschule am Kleinseitner Moldau-Ufer. Er besaß dort auch einen eigenen Kahn, im damaligen Sprachgebrauch „Seelentränker" genannt, mit dem er bei Gelegenheit auf den Fluß hinausruderte. Teile der 1840 gegründeten weiß leuchtenden Anlage sind heute noch zu sehen, schwimmen kann man hier freilich nicht mehr. Wer dennoch die Atmosphäre einer Badeanstalt aus jener Zeit erleben möchte, kann zur Sommerzeit das „Gelbe Bad" („Žluté lázně") in Podolí im Prager Süden aufsuchen und dort in der immer ein wenig kühlen Moldau ein Bad nehmen.

> „Die Zeit, die jetzt verlaufen ist und in der ich kein Wort geschrieben habe, ist für mich deshalb wichtig gewesen, weil ich auf den Schwimmschulen in Prag, Königssaal und Czernoschitz aufgehört habe, für meinen Körper mich zu schämen. Wie spät hole ich jetzt mit 28 Jahren meine Er-

Ehemalige Civilschwimmschule an der Čechbrücke

Badeleben in der Civilschwimmschule (um 1900)

ziehung nach, einen verspäteten Start würde man das bei
einem Wettlaufen nennen. Und der Schaden eines solchen
Unglücks besteht nicht vielleicht darin, daß man nicht
siegt; dieses letzte ist ja nur der noch sichtbare, klare, ge-
sunde Kern des weiterhin verschwimmenden, grenzenlos
werdenden Unglücks, das einen, der man doch den Kreis
umlaufen sollte, in das Innere des Kreises treibt."

Tagebucheintrag vom 15. August 1911

„Vor einigen Jahren war ich viel im Seelentränker (maňas)
[kleiner Kahn, Anm. d. Verf.] auf der Moldau, ich ruderte
hinauf und fuhr dann ganz ausgestreckt mit der Strömung
hinunter, unter den Brücken durch. Wegen meiner Ma-
gerkeit mag das von der Brücke aus sehr komisch ausgesehn haben. Jener Beamte, der mich eben so einmal von
der Brücke sah, faßte seinen Eindruck, nachdem er das
Komische genügend hervorgehoben hatte, so zusammen:
Es hätte so ausgesehn, wie vor dem Jüngsten Gericht. Es
wäre wie jener Augenblick gewesen, da die Sargdeckel
schon abgehoben waren, die Toten aber noch stillagen."

Franz Kafka an Milena Jesenská (1920)

115

„Ungezählte schöne Stunden verbrachten wir auf den Brettern der Prager Badeanstalten, in Kähnen auf der Moldau, mit Kletterkunststücken auf den Mühlwehren des Stromes, wovon man in meinem Roman ‚Stefan Rott‘ manchen Abglanz findet. Ich bewunderte Franzens Schwimm- und Ruderkünste, besonders geschickt lenkte er einen sogenannten ‚Seelentränker‘. Er war immer gewandter, kühner als ich und hatte eine besondere Art, einen in halsbrecherischen Situationen mit fast grausamem Lächeln (es bedeutete etwa: ‚Hilf dir selbst.‘) dem Schicksal zu überlassen. Wie habe ich dieses Lächeln geliebt, in dem doch auch so viel Zuversicht und Ermutigung lag! Franz war unerschöpflich, so schien es mir, im Erfinden neuer sportlicher Varianten. Auch darin drückte sich seine Persönlichkeit aus, auch das trieb er (wie alles) mit ganzer Hingabe.“

Max Brod, *Über Franz Kafka*

„... einmal im Herbst glaube ich oder schon im Frühjahr, ich weiß nicht, ging ich mit Ottla und der kleinen Rúženka – die welche mir im Schönbornpalais das nahe Ende prophezeit hat – rudern, vor dem Rudolphinum trafen wir Haas mit einer Frau, die ich damals überhaupt nicht angeschaut habe, das war Jarmila. Haas nannte ihr meinen Namen und Jarmila merkte, daß sie mit meiner Schwester vor Jahren auf der Civilschwimmschule manchmal gesprochen habe, sie hatte sie, da die Civilschwimmschule damals sehr christlich war, als jüdische Merkwürdigkeit im Gedächtnis behalten. Wir hatten damals gegenüber der Civilschwimmschule gewohnt und Ottla hatte ihr unsere Wohnung gezeigt.“

Franz Kafka an Milena Jesenská (1920)

Im literarischen und geistigen Leben des damaligen Prag spielten genauso wie in Wien oder Berlin Kaffeehäuser als Kulturzentren und Treffpunkte eine herausragende Rolle, hießen sie nun „Arco“ oder „Continental“, „Louvre“ oder „Radetzky“. Hier konnte man die neuesten Zeitungen lesen, den aktuellsten Tratsch erfahren, mit Gleichgesinnten diskutieren oder auch nur „unter die Leute gehen“. Hier traf man die einzelnen

Mitglieder der literarischen Zirkel, philosophischen Runden oder diversen Freundeskreise mit verläßlicher Regelmäßigkeit, war immer ein Platz, um ein Gedicht zu verfassen oder eine Kritik für eines der Prager Blätter zu schreiben. Und reichte einmal das Geld nicht für Holz oder Kohle, hatte man im Café die Möglichkeit, die kalten Tage zu überdauern. Und natürlich konnte man auch Kaffee trinken oder eine Kleinigkeit zu sich nehmen.

Blick ins Café im Repräsentationshaus (1912)

Auch Kafka war häufig Gast in den Prager Kaffeehäusern:

„Lieber Herr Baum, das schreibe ich um 12 Uhr im
Kontinental, dem ersten ruhigen Platz des heutigen
Samstags."

Franz Kafka an Oskar Baum (1909)

„Mein Lieber Max – Wie wäre es, wenn Du gleich ein
bischen ins ‚Arco‘ kämest, nicht auf lange, Gott behüte,
nur mir zu Gefallen weißt Du, der Př. ist dort. Bitte gnä-
dige Frau, bitte Herr Brod, seien Sie so gut und lassen
Sie den Max hingehen.   Franz K."

Franz Kafka an Max Brod (wahrscheinlich 1909)

„Wechselndes Gefühl inmitten der jungen Leute im
Café Arco."

Tagebucheintrag vom 25. Februar 1912

Später, gegen Ende des Weltkrieges, erzählte Kafka in Zürau
seinem blinden Freund Oskar Baum eine Geschichte, die uns
wissen läßt, warum sich Kafka, der einerseits zwar die Einsam-
keit suchte, andererseits aber die Verlassenheit fürchtete, in
Kaffeehäusern wohlgefühlt haben mochte:

„Ein Mann will die Möglichkeit einer Gesellschaft schaffen, die zusammenkommt, ohne eingeladen zu sein.
Menschen sehen und sprechen und beobachten einander, ohne einander zu kennen. Es ist ein Gastmahl, das
jeder nach seinem Geschmack, für seine Person bestimmen kann, ohne daß er irgendwem beschwerlich fällt.
Man kann erscheinen und wieder verschwinden, wenn
es einem beliebt, ist keinem Hauswirte verpflichtet und
ist doch, ohne Heuchelei, immer gern gesehen. Als es
zum Schluß tatsächlich gelingt, die skurrile Idee in
Wirklichkeit umzusetzen, erkennt der Leser, daß auch
dieser Versuch zur Erlösung des Einsamen nur – den
Erfinder des ersten Kaffeehauses hervorgebracht hat."

Kafka zu Oskar Baum (1918)

118

Nur kurz verließ Kafka jeweils die kaffehausschwangere Luft Prags: Im Januar und Februar 1911 unternahm er Dienstreisen nach Friedland und Reichenberg. Im Sommer fuhr er nach Zürich, Lugano, Mailand und Paris, im Spätsommer folgte ein einwöchiger Aufenthalt im Naturheilsanatorium Erlenbach bei Zürich.

Kafka stand mit vielen bedeutenden Autoren, nicht nur des Prager Kreises, in Verbindung. Er verkehrte in den Familien Brod, Baum, Kisch und Werfel. Franz Werfel, dessen literarischer Kreis (Willy Haas, Paul Kornfeld, Franz Janowitz, Rudolf Fuchs, Otto Pick, Ernst Polak u. a.) sich im Café Arco traf, war – anders als Kafka – bereits vor dem Weltkrieg ein bedeutender und über die Landesgrenzen hinaus bekannter Autor. Der immerhin sieben Jahre jüngere weltgewandte und energische Werfel fand beim scheuen, anfänglich reservierten Kafka zunehmend Akzeptanz, ja Sympathie. Ein Hauch von Eifersucht dürfte in der Beziehung zwischen den beiden Schriftstellern jedoch stets eine Rolle gespielt haben, anfangs vielleicht sogar Mißgunst und Abneigung:

> „Max kam gestern aus Berlin. Im Berliner Tagblatt wurde er allerdings von einem Fackelmenschen selbstlos genannt, weil er den weit bedeutenderen Werfel vorgelesen hatte. Max mußte diesen Satz ausstreichen ehe er die Kritik zum Abdruck ins Prager Tagblatt trug. Ich hasse W., nicht weil ich ihn beneide, aber ich beneide ihn auch. Er ist gesund, jung und reich, ich in allem anders. Außerdem hat er früh und leicht mit musikalischem Sinn sehr Gutes geschrieben, das glücklichste Leben hat er hinter sich und vor sich, ich arbeite mit Gewichten, die ich nicht loswerden kann und von Musik bin ich ganz abgetrennt."
>
> Tagebucheintrag vom 18. Dezember 1911

Zu Kafkas Bekannten zählten auch so bedeutende Männer wie Robert Musil oder Alfred Kubin. Kurt Tucholsky und der Zeichner Kurt Szafranski besuchten ihn und Max Brod im September 1911.

Kafka selbst aber war in der literarischen Welt immer noch unbekannt.

Kafkas Schwager Karl Hermann gründete nach seiner Heirat mit Elli Kafka die „Prager Asbestwerke Hermann & Co.". Hinter diesem „Co." verbarg sich kein anderer als Franz Kafka, der mit eigener sowie der Einlage seines Vaters an dieser Fabrik beteiligt war. Der Vater hätte ihn nicht ungerne in der Rolle eines Fabrikanten gesehen und begann seinem Sohn schließlich Vorwürfe zu machen, als er bemerkte, daß dessen Einsatz für die Fabrik nur halbherzig war.

> „Die Qual, die mir die Fabrik macht. Warum habe ich es hingehen lassen als man mich verpflichtete, daß ich nachmittags dort arbeiten werde. Nun zwingt mich niemand mit Gewalt, aber der Vater durch Vorwürfe, Karl durch Schweigen und mein Schuldbewußtsein. Ich weiß nichts von der Fabrik und stand bei der komissionellen Besichtigung heute früh nutzlos und wie geprügelt herum. Ich leugne für mich die Möglichkeit hinter alle Einzelheiten des Fabriksbetriebes zu kommen."
>
> Tagebucheintrag vom 28. Dezember 1911

Im Hof der ehemaligen Asbestwerke Hermann & Co.

Die Fabrik, in der immerhin 25 Arbeiter beschäftigt waren, lag im Arbeiterviertel Žižkov, in der Bořivojova Nr. 27. Für Kafka, der kein Interesse an dem Unternehmen entwickeln konnte und auch aus Zeitgründen nicht mitarbeiten wollte, war die Fabrik eine große Belastung, besonders nachdem der Schwager als Soldat einrücken mußte und Kafka sich öfters um das bei Ausbruch des Krieges stillgelegte Werk zu kümmern hatte. An Schreiben war, solange er in die Fabrik gehen mußte, jedenfalls nicht zu denken.

Arbeiter um 1890

„Nichts geschrieben. In der Fabrik gewesen und im Motorraum 2 Stunden lang Gas eingeatmet. Die Energie des Werkmeisters und des Heizers vor dem Motor, der aus einem unauffindbaren Grunde nicht zünden will. Jammervolle Fabrik."

Tagebucheintrag vom 10. August 1912

Die wirtschaftlichen Folgen des Weltkrieges hatten schließlich die Liquidation der Astbestwerke Hermann & Co. im Jahr 1917 zur Folge.

Die folgenden Tagebuchnotizen zeigen auf, wie sehr die „Fabrik" an Kafkas Nerven zerrte und ihm die Ruhe raubte:

„Vorgestern Vorwürfe wegen der Fabrik bekommen. Eine Stunde dann auf dem Kanapee über Aus-dem-Fenster-springen nachgedacht."

Tagebucheintrag vom 8. März 1912

„Mein liebster Max! [...] Mein Schwager, der Fabrikant, ist, was ich in meiner glücklichen Zerstreutheit kaum beachtet hatte, heute früh zu einer Geschäftsreise ausgefahren, die zehn bis vierzehn Tage dauern wird. In dieser Zeit ist die Fabrik tatsächlich dem Werkmeister allein

121

überlassen und kein Geldgeber, um wie viel weniger ein so nervöser wie mein Vater, wird an der vollkommen betrügerischen Wirtschaft zweifeln, die jetzt in der Fabrik vor sich geht. Im übrigen glaube ich dasselbe, zwar nicht so sehr aus Angst um das Geld, als aus Uninformiertheit und Gewissensunruhe. Schließlich aber dürfte auch ein Unbeteiligter, soweit ich mir ihn vorstellen kann, an der Berechtigung der Angst meines Vaters nicht besonders zweifeln, wenn ich auch nicht vergessen darf, daß ich im letzten Grunde es gar nicht einsehe, warum nicht ein reichsdeutscher Werkmeister auch in Abwesenheit meines Schwagers, dem er in allem Technischen und Organisatorischen himmelweit überlegen ist, alles in der gleichen Ordnung führen könnte, wie sonst, denn schließlich sind wir Menschen und nicht Diebe."

Franz Kafka an Max Brod (1912)

„Gestern in der Fabrik. Die Mädchen in ihren an und für sich unerträglich schmutzigen und gelösten Kleidern, mit den wie beim Erwachen zerworfenen Frisuren, mit dem vom unaufhörlichen Lärm der Transmissionen und von der einzelnen zwar automatischen aber unberechenbar stockenden Maschine festgehaltenen Gesichtsausdruck sind nicht Menschen, man grüßt sie nicht, man entschuldigt sich nicht, wenn man sie stößt, ruft man sie zu einer kleinen Arbeit, so führen sie sie aus, kehren aber gleich zur Maschine zurück, mit einer Kopfbewegung zeigt man ihnen wo sie eingreifen sollen, sie stehen in Unterröcken da, der kleinsten Macht sind sie überliefert und haben nicht einmal genug ruhigen Verstand, um diese Macht mit Blicken und Verbeugungen anzuerkennen und sich geneigt zu machen. Ist es aber sechs Uhr und rufen sie das einander zu, binden sie die Tücher vom Hals und von den Haaren los, stauben sie sich ab mit einer Bürste, die den Saal umwandert und von Ungeduldigen herangerufen wird, ziehn sie die Röcke über die Köpfe und bekommen sie die Hände rein so gut es geht, so sind sie schließlich doch Frauen, können trotz Blässe und schlechten Zähnen lächeln, schütteln den erstarrten Körper, man kann sie nicht mehr stoßen, anschauen oder übersehen, man drückt sich an die schmierigen Kisten

Blick auf das Prager Industrieviertel Smíchov (1867)

um ihnen den Weg freizumachen, behält den Hut in der Hand, wenn sie guten Abend sagen und weiß nicht, wie man es hinnehmen soll, wenn eine unseren Winterrock bereithält, daß wir ihn anziehn.“

Tagebucheintrag vom 8. Februar 1912

„Gestern in der Fabrik. Mit der Elektrischen zurückgefahren, in einem Winkel mit ausgestreckten Beinen gesessen, Menschen draußen gesehn, angezündete Geschäftslampen, Mauern durchfahrener Viadukte, immer wieder Rücken und Gesichter, aus der Geschäftsstraße der Vorstadt hinausführend eine Landstraße mit nichts Menschlichem als nachhausegehenden Menschen, die schneidenden, in das Dunkel eingebrannten elektrischen Lichter des Bahnhofgeländes, niedrige stark sich verjüngende Kamine eines Gaswerks, ein Plakat über das Gastspiel einer Sängerin de Treville, das sich an den Wänden hintastet bis in eine Gasse in der Nähe der Friedhöfe, von wo es dann wieder mit mir aus der Kälte der Felder in die wohnungsmäßige Wärme der Stadt zurückgekehrt ist. [...] Darum betrete ich die Vorstadt stets mit einem gemischten Gefühl von Angst, von Verlassensein, von Mitleid, von Neugier, von Hochmuth, von Reisefreude, von Männlichkeit und komme mit Behagen, Ernst und Ruhe zurück; besonders von Žižkov.“

Tagebucheintrag vom 18. November 1911

123

Zu Hause aber fand Franz Kafka alles andere als Ruhe, auf seine besondere Lärmempfindlichkeit nahm hier niemand Rücksicht. So vertraute er resigniert seinem Tagebuch an:

> „Ich will schreiben mit einem ständigen Zittern auf der Stirn. Ich sitze in meinem Zimmer im Hauptquartier des Lärms der ganzen Wohnung. Alle Türen höre ich schlagen, durch ihren Lärm bleiben mir nur die Schritte der zwischen ihnen Laufenden erspart, noch das Zuklappen der Herdtüre in der Küche höre ich. Der Vater durchbricht die Türen meines Zimmers und zieht im nachschleppenden Schlafrock durch, aus dem Ofen im Nebenzimmer wird die Asche gekratzt, Valli fragt durch das Vorzimmer wie durch eine Pariser Gasse ins Unbestimmte rufend ob denn des Vaters Hut schon geputzt ist, ein Zischen, das mir befreundet sein will, erhebt das Geschrei einer antwortenden Stimme. Die Wohnungstüre wird aufgeklinkt und lärmt wie aus katarrhalischem Hals, öffnet sich dann weiterhin mit dem kurzen Singen einer Frauenstimme und schließt sich mit einem dumpfen männlichen Ruck, der sich am rücksichtslosesten anhört. Der Vater ist weg, jetzt beginnt der zartere zerstreutere hoffnungslosere Lärm, von den Stimmen der zwei Kanarienvögel angeführt. Schon früher dachte ich daran, bei den Kanarienvögeln fällt es mir aber von neuem ein, ob ich nicht die Türe bis zu einer kleinen Spalte öffnen, schlangengleich ins Nebenzimmer kriechen und so auf dem Boden meine Schwestern und ihr Fräulein um Ruhe bitten sollte.“
>
> Tagebucheintrag vom 5. November 1911

Kein Wunder also, wenn Kafka versuchte, auf langen Spaziergängen Ruhe und Sammlung zu finden:

> „Schöner einsamer Spaziergang nach jenen gelungenen Stellen in R. u. S. über den Hradschin und das Belvedere. In der Nerudagasse eine Tafel: Anna Křižová Schneiderin, ausgelernt in Frankreich durch die Herzogin-Witwe Ahrenberg geb. Princess Ahrenberg. – In der Mitte des ersten Schloßhofes stand ich und sah einer Alarmierung der Schloßwache zu.“
>
> Tagebucheintrag vom 8. Dezember 1911

124

„Vollständige Nutzlosigkeit. Sonntag. In der Nacht besondere Schlaflosigkeit. Bis ¼ 12 im Bett bei Sonnenschein. Spaziergang. Mittagessen. Zeitunggelesen, in alten Katalogen geblättert. Spaziergang Hybernergasse, Stadtpark, Wenzelsplatz, Ferdinandstraße, dann gegen Podol zu. Mühselig auf 2 Stunden ausgedehnt."

Tagebucheintrag vom 21. November 1915

Aber auch mit Freunden, Bekannten und Verwandten bummelte Kafka immer wieder durch die Stadt, wanderte über die Steinerne Brücke hinüber auf die Kleinseite, flanierte durch die Gärten und Parks, durchstöberte Burgstadt, Neu- und Altstadt. Seine oft knappen Tagebucheinträge beleuchten manches unscheinbare Detail, öffnen uns die Augen für stimmungsvolle Impressionen:

„Spaziergang mit Löwy zum Statthalterschloß, das ich die Zionsburg nannte. Das Maßwerk der Eingangstore und die Himmelsfarbe giengen sehr klar zusammen. – Ein anderer Spaziergang zur Hetzinsel."

Tagebucheintrag vom 8. Dezember 1911

„Spaziergang mit Löwy unten am Fluß. Der eine Pfeiler des auf der Elisabethbrücke sich erhebenden innen von einer elektr. Lampe beleuchteten Bogens sah als dunkle Masse zwischen seitlich hervorströmendem Licht wie ein Fabrikskamin aus und der über ihm zum Himmel sich ausspannende dunkle Schattenkeil war wie steigender Rauch. Die scharf begrenzten grünen Lichtflächen zur Seite der Brücke."

Tagebucheintrag vom 14. Dezember 1911

„Nachher Spaziergang mit Ottla, Frl. Taussig, Ehepaar Baum und Pick, Elisabethbrücke, Quai, Kleinseite, Radetzkykaffee, Steinerne Brücke, Karlsgasse. Ich hatte gerade noch die Aussicht in die gute Laune, sodaß an mir nicht gerade viel auszusetzen war."

Tagebucheintrag vom 2. März 1912

Brückengasse, im Hintergrund die St.-Niklas-Kirche
auf der Kleinseite (um 1870)

Zu den liebsten Ausflugszielen während seiner Wanderungen
durch Prag gehörten die stillen Chotekschen Parkanlagen hinter dem Lustschloß Belvedere.

> „Heute teilweise schöner Sonntag. In den Chotekschen
> Anlagen Dostojewskis Verteidigungsschrift gelesen. Die
> Wache im Schloß und beim Corpskommando. Der
> Brunnen im Palais Thun. – Viel Selbstzufriedenheit wäh-
> rend des ganzen Tags. Und jetzt vollständiges Versagen
> bei der Arbeit.“
>
> Tagebucheintrag vom 1. November 1914

„Ein Vormittag: bis ¹/₂ 12 im Bett. Durcheinander von Gedanken das sich langsam bildet und in unglaubwürdiger Weise festigt. Nachmittag gelesen (Gogol, Aufsatz über Lyrik) abend Spaziergang zum Teil mit den haltbaren aber nicht vertrauenswürdigen Gedanken vom Vormittag. In den Chotekanlagen gesessen. Schönster Ort in Prag. Vögel sangen, das Schloß mit der Galerie, die alten Bäume mit vorjährigem Laub behängt, das Halbdunkel. Später kam Ottla mit D."

Tagebucheintrag vom 14. März 1915

„Unfähig eine Zeile zu schreiben. Das Wohlbehagen mit dem ich gestern in den Chotekschen Anlagen und heute auf dem Karlsplatz mit Strindberg ‚Am offenen Meer‘ gesessen bin. Das Wohlbehagen heute im Zimmer. Hohl wie eine Muschel am Strand, bereit durch einen Fußtritt zermalmt zu werden."

Tagebucheintrag vom 23. März 1915

Chotekparkanlage mit Lustschloß Belvedere

Zeitgeschichtlicher Hintergrund

1911/12 ∗ Errichtung des ersten kubistischen Wohnhauses „Zur Schwarzen Muttergottes" („U černé matky boží") in der Altstädter Zeltnergasse

1911–13 ∗ Unter dem Vyšehrad werden kubistische Häuser gebaut.

1911–14 ∗ Errichtung des Palastes Koruna (Antonín Pfeiffer), des ersten Prager Selbstbedienungsrestaurants

1912 ∗ Prager Konferenz der Sozialdemokratischen Arbeiterpartei Rußlands unter Leitung Lenins
∗ Allslawischer Sokolkongreß, damit verbunden Ausschreitungen gegen farbentragende deutsche Studenten
∗ Egon Friedell und Christian von Ehrenfels sprechen in der „Lese- und Redehalle".
∗ Jaroslav Vrchlický, der Dichter und Übersetzer von Goethes *Faust* ins Tschechische, stirbt.
∗ Egon Erwin Kisch: *Aus Prager Gassen und Nächten*
∗ Hedda Sauer: *Gedichte*

1913 ∗ Im Klub deutscher Künstlerinnen liest Else Lasker-Schüler aus eigenen Werken.
∗ Karl Hans Strobl: *Im Wirtshaus zum König Przemysl*
∗ Hans Watzlik: *Im Ring des Ossers*
∗ Max Brod: *Über die Schönheit häßlicher Bilder*
∗ Franz Kafka: *Der Heizer*
∗ Ernst Weiß: *Die Galeere*
∗ Rainer Maria Rilke: *Das Marien-Leben, Erste Gedichte*
∗ Gustav Meyrink: *Des deutschen Spießers Wunderhorn*

1912/1913
Bekanntschaft
mit Felice Bauer

Am 18. Februar 1912 veranstaltete Franz Kafka im Festsaal des Jüdischen Rathauses einen Vortragsabend mit dem galizischen Schauspieler Jizchak Löwy, dem er über Jahre verbunden bleiben sollte. Der Festsaal kann noch besichtigt werden. Dann las Kafka selbst im Jüdischen Rathaus: am 11. Dezember 1913 im Rahmen einer Wohltätigkeitsveranstaltung, diesmal aus Kleists *Michael Kohlhaas*.

Das Jüdische Rathaus (Maiselgasse)
Maiselova ulice 18, Praha 1

In unmittelbarer Nachbarschaft zur Altneusynagoge befindet sich das in den achtziger Jahren des 16. Jh. von Meister Pankraz erbaute Jüdische Rathaus. Geldgeber für dieses Bauprojekt war der reiche Mordechai Maisel.

Das Rathaus birgt den Sitz des Rates der Jüdischen Kultusgemeinde, einen rituellen Speisesaal und die Amtsräume der Prager Jüdischen Gemeinde. Auch das Jüdische Museum mit seiner umfangreichen Sammlung ritueller

Uhren des Jüdischen Rathauses

129

Textilien (Vorhänge aus Synagogen ganz Europas, Thoramäntel etc.) ist hier untergebracht.

Nach der Schwedenbelagerung im Jahre 1648 gestattete man den Juden als Auszeichnung und Belohnung für gelei-

Anzeige zu Kafkas erstem Buch im Börsenblatt des Deutschen Buchhandels (November 1912)

stete Kriegsdienste den Bau eines Rathausturmes. 1763 wurde das Rathaus dann umgebaut und mit einer Rokoko-Fassade sowie einem hölzernen Turm versehen. Auf ihm zeigen zwei Uhren die Zeit an, eine mit lateinischen und eine mit hebräischen Ziffern.

Zu Anfang des Jahres 1912 arbeitete Kafka an ersten Entwürfen und Kapiteln für das Werk *Der Verschollene* (Max Brod sollte es später unter dem Titel *Amerika* herausgeben).

Den Juli über war er mit Max Brod in Weimar, danach drei Wochen im Jungborner Naturheilsanatorium im Harz. Im darauffolgenden Monat stellte Kafka die Texte für sein erstes Buch *Betrachtung* zusammen, das schließlich im Dezember des Jahres im aufstrebenden Rowohlt-Verlag veröffentlicht wurde.

> „Kafkas kleine Betrachtungen bilden etwas in der deutschen Literatur bisher Unbekanntes; ich wüßte kein Vorbild. Ganz leise an manche Stellen Brods anknüpfend, gehen sie in der Kunst, irgend eine momentane Empfindung oder Stimmung in ihre letzten Elemente aufzulösen, sie an die Dinge meistens zu binden und mit der Liebe, die diesem Dichterkreis eigen ist, sich in das Innere der Dinge und des Menschen, wie in das jenes Kaufmanns, zu versetzen, als insbesonders in einer oft ganz wundervollen Wucht über Brod hinaus. Es gibt da Stücke, wie der ‚Späte Spaziergang‘, die einen nicht zu Atem kommen lassen, und seltsam unheimliche Geschichten, die an Kubin erinnern, wie das ‚Unglücklichsein‘, mit denen man schlechthin nichts anzufangen weiß und die einen völlig in ihre Stimmung auflösen, denen man ebensowenig widerstehen kann, wie der unendlichen gütigen, im letzten Grunde vielleicht etwas sentimentalen Liebe, die aus dem ‚Reisenden‘ spricht. Diese Liebe macht Kafkas Wesen ebenso aus wie das Wesen Werfels; nur daß Kafkas Liebe immer ganz still in sich ist, während Werfel in seinen Gedichten die Liebe überall vor uns hinstellt und deswegen wohl viel beliebter sein wird.“
>
> Hans Kohn

Gegen Jahresende schrieb Franz Kafka die Erzählung *Die Verwandlung.* In einer ersten öffentlichen Lesung in Prag, zu der die Johann-Gottfried-Herder-Vereinigung unter der Leitung von Willy Haas geladen hatte, las er am 4. Dezember im Spiegelsaal des Hotels Erzherzog Stephan (heute Hotel Europa) *Das Urteil.* Kafka berichtet am 23. September 1912 in einem Tagebucheintrag von der Entstehung dieser Geschichte:

„Diese Geschichte ‚das Urteil‘ habe ich in der Nacht vom 22 zum 23 von 10 Uhr abends bis 6 Uhr früh in einem Zug geschrieben. Die vom Sitzen steif gewordenen Beine konnte ich kaum unter dem Schreibtisch hervorziehn. Die fürchterliche Anstrengung und Freude, wie sich die Geschichte vor mir entwickelte wie ich in einem Gewässer vorwärtskam. Mehrmals in dieser Nacht trug ich mein Gewicht auf dem Rücken. Wie alles gewagt werden kann, wie für alle, für die fremdesten Einfälle ein großes Feuer bereitet ist, in dem sie vergehn und auferstehn. Wie es vor dem Fenster blau wurde. Ein Wagen fuhr. Zwei Männer über die Brücke giengen. Um 2 Uhr schaute ich zum letztenmal auf die Uhr. Wie das Dienstmädchen zum ersten Mal durchs Vorzimmer gieng, schrieb ich den letzten Satz nieder. Auslöschen der Lampe und Tageshelle. Die leichten Herzschmerzen. Die in der Mitte der Nacht vergehende Müdigkeit. Das zitternde Eintreten ins Zimmer der Schwestern. Vorlesung. Vorher das Sichstrecken vor dem Dienstmädchen und Sagen: ‚Ich habe bis jetzt geschrieben‘. Das Aussehn des unberührten Bettes, als sei es jetzt hereingetragen worden. Die bestätigte Überzeugung, daß ich mich mit meinem Romanschreiben in schändlichen Niederungen des Schreibens befinde. Nur so kann geschrieben werden, nur in einem solchen Zusammenhang, mit solcher vollständigen Öffnung des Leibes und der Seele. Vormittag im Bett. Die immer klaren Augen. Viele während des Schreibens mitgeführte Gefühle: z. B. die Freude daß ich etwas Schönes für Maxens Arcadia haben werde, Gedanken an Freud natürlich, an einer Stelle an Arnold Beer, an einer andern an Wassermann, an einer (zerschmetter) an

Werfels Riesin, natürlich auch an meine ‚Die städtische Welt‘.“

Tagebucheintrag vom 23. September 1912

„... aber er liebte Thomas Manns ‚Tonio Kröger‘ und suchte in der ‚Neuen Rundschau‘ jede Zeile dieses Autors andächtig auf, er las Hamsun, Hesse, Flaubert, Kassner mit Begeisterung; von Lieblingsautoren seiner späteren Zeit nenne ich: Emil Strauß, Wilhelm Schäfer, Carossa, ferner Hebels ‚Schatzkästlein‘, Fontane, Stifter, Wilhelm Speyers ‚Schwermut der Jahreszeiten‘, Gogol, Dostojewski (unter den Werken Dostojewskis schätzte er besonders den Roman ‚Ein Halbwüchsling‘, damals im Verlag Langen deutsch erschienen, und las mir einmal enthusiasmiert eine Stelle über Betteln und Reichwerden vor), Tolstoi, die Romane von Strindberg – vor allem aber: Kleist (besonders großartig las er, unter Lachen und Tränen, die ‚Anekdote aus dem letzten preußischen Kriege‘ vor) und dann immer wieder: Goethe und die Bibel.“

Max Brod, *Über Franz Kafka*

Aber nicht nur wegen dieser eruptiv hervorbrechenden Produktivität war das Jahr 1912 von besonderer Bedeutung für Kafka, sondern auch, weil er bei Max Brod die 24jährige Handelsangestellte Felice Bauer aus Berlin kennenlernte.

Die Wohnung von Max Brods Eltern in der Schalengasse
Skořepka 1, Praha 1

Max Brod, der damals noch ein unverheirateter Postbeamter war, lebte bis 1913 (dem Jahr seiner Eheschließung) in der Schalengasse. Franz Kafka war oft zu Besuch und las dort dem Freund Texte vor. An einem Hochsommertag des Jahres 1912 suchte Kafka Brod auf, um mit ihm gemeinsam letzte

Franz Kafka mit seiner ersten Verlobten Felice Bauer

Hand an die Texte für den ersten Prosaband *Betrachtung* zu legen – an diesem Tag war auch die junge Berlinerin Felice Bauer zugegen:

> „Frl. Felice Bauer. Als ich am 13. VIII. zu Brod kam, saß sie bei Tisch und kam mir doch wie ein Dienstmädchen vor. Ich war auch gar nicht neugierig darauf, wer sie war, sondern fand mich sofort mit ihr ab. Knochiges leeres Gesicht, das seine Leere offen trug. Freier Hals. Überworfene Bluse. Sah ganz häuslich angezogen aus, trotzdem sie es, wie sich später zeigte, gar nicht war. [...] Fast zerbrochene Nase. Blondes, etwas steifes reizloses Haar, starkes Kinn. Während ich mich setzte, sah ich sie zum erstenmal genauer an, als ich saß, hatte ich schon ein unerschütterliches Urteil."

Tagebucheintrag vom 20. August 1912

Bald entwickelte sich eine Beziehung, die manche Höhen, aber noch mehr Tiefen in sich barg. Franz Kafka befand sich in einer zwiespältigen Situation: Einerseits sah er in einer Heirat und Familiengründung die Basis für ein anzustrebendes

Max Brods elterliche Wohnung in der Schalengasse

bürgerliches Leben, andererseits war das Alleinsein eine scheinbar unverzichtbare Voraussetzung für seine literarischen Arbeiten. Kafka versuchte diese beiden gegensätzlichen Momente zu verbinden: Als gangbarer Weg erschien ihm eine Art „Zusammenleben" in Briefform. Kaum ein Tag verging, an dem er nicht mindestens einen Brief an Felice sandte. Zu einer Hochzeit kam es jedoch trotz zweimaliger Verlobung nie.

> „Gnädiges Fräulein!
> Eben hatte ich einen Weg zur Statthalterei, ging langsam hin und zurück, es ist eine hübsche Entfernung, man geht über den Fluß auf das andere Moldau-Ufer. Ich hatte mich damit abgefunden, daß heute kein Brief mehr von Ihnen kommt, denn bisher dachte ich, wenn er nicht gleich früh kommt, kann er nicht mehr kommen. Ich bin während der letzten zwei Tage aus verschiedenen Gründen ein wenig traurig und zerstreut und blieb auf dem Rückweg in der Belvederegasse stehn – auf der einen Straßenseite sind Wohngebäude, auf der andern die ungewöhnlich hohe Mauer des Gräflich Waldsteinschen Gartens – nahm, ohne viel zu denken, Ihre Briefe aus der Tasche, legte den Brief an Max, auf den es mir gerade nicht ankam und der zu oberst lag, zu unterst und las paar Zeilen Ihres ersten Briefes."
>
> Franz Kafka an Felice Bauer (1912)

> „Oft klage ich, daß so wenige Örtlichkeiten in Prag, wenigstens meiner Kenntnis nach, Beziehungen zu Dir haben. Die Wohnung bei Brods, die Schalengasse, der Kohlmarkt, die Perlgasse, die Obstgasse, der Graben. Dann noch das Café im Repräsentationshaus, die Frühstückstube im Blauen Stern und das Vestibül. Es ist wenig, Liebste, aber dieses Wenige, wie hebt es sich für mich aus der Karte der Stadt heraus!"
>
> Franz Kafka an Felice Bauer (1913)

> „Ich, Liebste soll Dir entfremden? Ich, der ich da an meinem Tisch vor Verlangen nach Dir vergehe? Ich wusch mir heute draußen im dunklen Gang die Hände, da überkam mich irgendwie der Gedanke an Dich so

stark, daß ich zum Fenster treten mußte, um wenigstens in dem grauen Himmel Trost zu suchen. So lebe ich.   Franz"

Franz Kafka an Felice Bauer (1913)

Die nachfolgende Liste von Argumenten offenbart eindrucksvoll, wie sehr Kafka mit seinem Schicksal als zukünftiger Ehemann haderte.

„Zusammenstellung alles dessen, was für und gegen meine Heirat spricht:

1. Unfähigkeit allein das Leben zu ertragen, nicht etwa Unfähigkeit zu leben, ganz im Gegenteil, es ist sogar unwahrscheinlich, daß ich es verstehe, mit jemandem zu leben, aber unfähig bin ich den Ansturm meines eigenen Lebens, die Anforderungen meiner eigenen Person, den Angriff der Zeit und des Alters, den vagen Andrang der Schreiblust, die Schlaflosigkeit, die Nähe des Irreseins – alles dies allein zu ertragen bin ich unfähig. Vielleicht, füge ich natürlich hinzu. Die Verbindung mit F. wird meiner Existenz mehr Widerstandskraft geben.

2. Alles gibt mir gleich zu denken. Jeder Witz im Witzblatt, die Erinnerung an Flaubert und Grillparzer, der Anblick der Nachthemden auf den für die Nacht vorbereiteten Betten meiner Eltern, Maxens Ehe. Gestern sagte meine Schwester: ,Alle Verheirateten (unserer Bekanntschaft) sind glücklich, ich begreife es nicht', auch dieser Ausspruch gab mir zu denken, ich bekam wieder Angst.

3. Ich muß viel allein sein. Was ich geleistet habe, ist nur ein Erfolg des Alleinseins.

4. Alles was sich nicht auf Litteratur bezieht, hasse ich, es langweilt mich Gespräche zu führen (selbst wenn sie sich auf Litteratur beziehn) es langweilt mich Besuche zu machen, Leiden und Freuden meiner Verwandten langweilen mich in die Seele hinein. Gespräche nehmen allem was ich denke die Wichtigkeit, den Ernst, die Wahrheit.

5. Die Angst vor der Verbindung, dem Hinüberfließen. Dann bin ich nie mehr allein.

Gastgarten auf der Sophieninsel (1870)

6. Ich bin vor meinen Schwestern, besonders früher war
es so, oft ein ganz anderer Mensch gewesen, als vor andern Leuten. Furchtlos, bloßgestellt, mächtig, überraschend, ergriffen wie sonst nur beim Schreiben. Wenn
ich es durch Vermittlung meiner Frau vor allen sein
könnte! Wäre es dann aber nicht dem Schreiben
entzogen? Nur das nicht, nur das nicht!
7. Allein könnte ich vielleicht einmal meinen Posten wirklich aufgeben. Verheiratet wird es nie möglich sein."

Tagebucheintrag vom 21. Juli 1913

Das Oppelthaus am Altstädter Ring
Staroměstské náměstí 6 (heute 5), Praha 1

Ab November 1913 konnte sich die Familie Kafka eine Sechs-
zimmerwohnung im sogenannten Oppelthaus an der Ecke
Pařížská – Altstädter Ring leisten. Aus seinem Zimmer blickte
Kafka auf die mondäne Pariser Straße:

„Geradeaus vor meinem Fenster im 4ten oder 5ten Stock
habe ich die große Kuppel der russischen Kirche [St.-
Niklas-Kirche, Anm. d. Verf.] mit zwei Türmen und
zwischen der Kuppel und dem nächsten Zinshaus den
Ausblick auf einen kleinen dreieckigen Ausschnitt des
Laurenziberges mit einer ganz kleinen Kirche. Links sehe
ich das Rathaus mit dem Turm in seiner ganzen Masse
scharf ansteigen und sich zurücklegen in einer Perspektive, die vielleicht noch kein Mensch richtig gesehen
hat.“

Franz Kafka an Grete Bloch, 1913

Das Oppelthaus wurde 1945 im Zuge des Prager Aufstandes
relativ stark beschädigt. In dem Gebäude, das um ein Stockwerk niedriger wiederaufgebaut wurde, befinden sich gegenwärtig Amtsräume.

Oppelthaus am Altstädter Ring (vor der Kriegsbeschädigung)

Zeitgeschichtlicher Hintergrund

1914   * deutsch-tschechische Ausgleichsverhandlungen
endgültig gescheitert
* Am 28. Juni wird der Thronfolger
Franz Ferdinand in Sarajevo ermordet.
* Ausbruch des Ersten Weltkrieges
* Tomáš Masaryk geht ins Exil.
* Paul Leppin: *Severins Gang in die Finsternis*

1915   * Das Jan-Hus-Denkmal von Ladislav Šaloun
wird auf dem Altstädter Ring enthüllt.
* Tschechische Soldaten desertieren aus dem
Kaiserlichen Heer und bilden eigene Einheiten.
* Franz Kafkas *Verwandlung* wird gedruckt.

1916   * Tschechisch-Slowakischer Nationalrat
in Paris gegründet
* Kaiser Franz Joseph stirbt, Karl I. folgt ins Amt.
* Max Brod: *Tycho Brahes Weg zu Gott*

1917   * Demonstrationen und Streiks in Prag
* Formierung der „Tschechischen Legionen"
* Hašeks erste Version von dem *Braven Soldaten
Schwejk in der Gefangenschaft* erscheint in Kiew.
* Gustav Meyrink: *Walpurgisnacht*

1918   * Am 28. Oktober erläßt der Nationalausschuß das
Gesetz über die „Errichtung des selbständigen
tschechoslowakischen Staates", T. G. Masaryk
wird in Abwesenheit zum Präsidenten der
Republik gewählt.
* Tschechisch wird Amtssprache in der Verwaltung.
* Die Mariensäule auf dem Altstädter Ring
wird von Fanatikern gestürzt.
* Masaryk kehrt am 21. Dezember nach Prag zurück.
* Ernst Weiß: *Tiere in Ketten*

1914–1918
Die Kriegsjahre

Im Mai des Jahres 1914 feierte Kafka in Berlin Verlobung mit Felice Bauer. Nach Kriegsausbruch mußte sich der zwar diensttaugliche, wegen seiner Unabkömmlichkeit bei der Versicherungsgesellschaft allerdings freigestellte Franz Kafka um die Fabrik seines Schwagers kümmern, da dieser als Soldat eingezogen worden war.

> „Patriotischer Umzug. Rede des Bürgermeisters. Dann Verschwinden, dann Hervorkommen und der deutsche Ausruf: ‚Es lebe unser geliebter Monarch, hoch!' Ich stehe dabei mit meinem bösen Blick. Diese Umzüge sind eine der widerlichsten Begleiterscheinungen des Krieges. Ausgehend von jüdischen Handelsleuten, die einmal deutsch, einmal tschechisch sind, es sich zwar eingestehen, niemals aber es so laut herausschreien dürfen wie jetzt. Natürlich reißen sie manchen mit. Organisiert war es gut. Es soll sich jeden Abend wiederholen, morgen Sonntag zweimal."
>
> Tagebucheintrag vom 6. August 1914

Panzerzug im Ersten Weltkrieg

An den Kriegsschauplätzen des Ersten Weltkrieges

Ausbruch und Verlauf des Weltkrieges sollten auf das Leben Franz Kafkas in vielerlei Hinsicht Einfluß haben. Er sprach zeitweilig von dem Wunsch, sich den Soldaten zuzugesellen, aber wir dürfen davon ausgehen, daß diese Schwärmerei nicht ganz ernst gemeint war und mit seinen unglücklichen Lebensumständen zu tun hatte. Es waren dann berufliche Gründe und später auch gesundheitliche, die ihm die tatsächliche Einberufung zur Armee ersparten.

„Ich habe keine Zeit. Es ist allgemeine Mobilisierung. K. und P. sind einberufen. Jetzt bekomme ich den Lohn des Alleinseins. Es ist allerdings kaum ein Lohn, Alleinsein bringt nur Strafen. Immerhin, ich bin wenig berührt von allem Elend und entschlossener als jemals. Nachmittag werde ich in der Fabrik sein müssen, wohnen werde ich nicht zuhause, denn E. mit den 2 Kindern übersiedelt zu uns. Aber schreiben werde ich trotz alledem, unbedingt, es ist mein Kampf um die Selbsterhaltung."

Tagebucheintrag vom 31. Juli 1914

„Deutschland hat Rußland den Krieg erklärt. – Nachmittag Schwimmschule"

Tagebucheintrag vom 2. August 1914

Schützengraben, 1916

Franz Kafka mit 31 Jahren

Die Wohnung in der Bilekgasse
Bílkova 10, Praha 1

Kafka war 31 Jahre alt, als er im Sommer 1914 für eine Übergangszeit in die Wohnung seiner Schwester Valli zog, die wegen eines Urlaubs abwesend war. Als die Schwester zurückkehrte, übersiedelte Kafka in die leerstehende Wohnung seiner
Schwester Elli in der Nerudagasse (heute Polská). Elli selbst
war mit ihren zwei kleinen Kindern in die elterliche Wohnung
im Oppelthaus gezogen, was nicht zuletzt der Grund für Kafkas Auszug aus eben jenem Hause gewesen war. Vom 10. Februar 1915 bis Ende März lebte er in einer anderen Wohnung
desselben Hauses als Hauptmieter. In der Bílkova begann Kafka mit der Niederschrift des Romans *Der Prozeß*.

> „Kafka beginnt den ,Prozeß', den Roman der ,toten
> Stadt', bei Ausbruch des ersten Weltkrieges. In dieser
> Zeit hat er eine kleine Junggesellenwohnung in der Bíl
> kova, von wo aus er sich zu später Stunde auf seine Spa
> ziergänge durch die Stadt begibt. Das Bild hat sich ver
> dunkelt, Prag hat seine Konturen und konkreten Namen
> verloren. Die Zeit auf der Turmuhr ist weit vorgerückt,
> nicht nur die Stadt, sondern die ganze Welt hüllt sich in
> Dunkelheit. In dem Roman erblicken wir den Fluß, die
> Brücke, die Insel im Fluß, mehr aber erfahren wir nicht.
> Und trotzdem fühlen wir, daß es Prag ist, daß die un
> durchsichtige Atmosphäre dem Charakter der Stadt und
> deren innerem Labyrinth entspricht."
>
> Josef Kroutvor, *Kafkas Stadt?*
> *Prag im Zyklus der toten Städte*

Die sogenannte Domszene dieses Romans enthält eine Reihe
von Details, die daran denken lassen, daß Kafka bei der Niederschrift den Prager Veitsdom vor Augen hatte, so etwa die
Statue eines Heiligen, deren „Schein des Silbers" an das unter einem Baldachin prangende Grabmal des heiligen Nepomuk erinnert. Dieses Standbild ist eine der bedeutenden Sehenswürdigkeiten Prags und ist wie dieser Brückenheilige
überhaupt aus der Bilderwelt selbst eines jüdischen Pragers zu

Beginn des 20. Jahrhunderts kaum wegzudenken. Allerdings könnte auch der Mailänder Dom, den Kafka zuvor besucht hatte und den er in seinem Reisetagebuch als „reine Darstellung der Architektur" bezeichnete, im Domkapitel seinen Niederschlag gefunden haben.

Im Inneren des St.-Veit-Domes (Hauptschiff)

„In der Ferne funkelte auf dem Hauptaltar ein großes Dreieck von Kerzenlichtern, K. hätte nicht mit Bestimmtheit sagen können, ob er sie schon früher gesehen hatte. Vielleicht waren sie erst jetzt angezündet worden. Die Kirchendiener sind berufsmäßige Schleicher, man bemerkt sie nicht. Als sich K. zufällig umdrehte, sah er nicht weit hinter sich eine hohe starke an einer Säule befestigte Kerze gleichfalls brennen. So schön das war, zur Beleuchtung der Altarbilder, die meistens in der Finsternis der Seitenaltäre hiengen, war das gänzlich unzureichend, es vermehrte vielmehr die Finsternis."

Franz Kafka, Der Prozeß

Auch das Ende des Romans *Der Prozeß* hat Bezug zu einem Prager Ort: Im Bereich des heutigen Strahover Stadions befand sich seinerzeit ein Steinbruch, in dem Kafka die Hinrichtung von Josef K. angesiedelt hat:

„So kamen sie rasch aus der Stadt hinaus, die sich in dieser Richtung fast ohne Übergang an die Felder anschloß. Ein kleiner Steinbruch, verlassen und öde, lag in der Nähe eines noch ganz städtischen Hauses. Hier machten die Herren halt, sei es daß dieser Ort von allem Anfang an ihr Ziel gewesen war, sei es daß sie zu erschöpft waren, um noch weiter zu laufen. Jetzt ließen sie K. los, der stumm wartete, nahmen die Cylinderhüte ab und wischten sich, während sie sich im Steinbruch umsahen, mit den Taschentüchern den Schweiß von der Stirn. Überall lag der Mondschein mit seiner Natürlichkeit und Ruhe, die keinem andern Licht gegeben ist."

Franz Kafka, Der Proceß

„Ich habe nichts zu riskieren und alles zu gewinnen, wenn ich kündige und von Prag fortgehe. Ich riskiere nichts, denn mein Leben in Prag führt zu nichts Gutem. ... – Ich kann außerhalb Prags alles gewinnen, das heißt ich kann ein selbständiger ruhiger Mensch werden, der alle seine Fähigkeiten ausnützt und als Lohn guter und wahrhaftiger Arbeit das Gefühl wirklichen Lebendigseins und dauernder Zufriedenheit bekommt."

Franz Kafka an seine Eltern (1914)

In einem Brief an seine Verlobte Felice berichtete Kafka über seine damalige

„... Wohnungsgeschichte. Ein gewaltiges Thema. Es erschreckt mich, ich werde es nicht bewältigen können. Zu groß für mich. Nur ein Tausendstel werde ich darstellen können und davon nur ein Tausendstel wird mir beim Schreiben gerade gegenwärtig sein und davon nur ein Tausendstel werde ich Dir begreiflich machen können und so weiter. Trotzdem, es muß sein, ich will Deinen Rat hören. Also lies genau und rate gut: Mein zweijähriges Leid kennst Du, klein zum gleichzeitigen Leid der Welt, für mich aber genügend. Ein bequemes freundliches Eckzimmer, zwei Fenster, eine Balkontüre. Aussicht auf viele Dächer und Kirchen. Erträgliche Leute, da ich sie bei einiger Übung überhaupt nicht sehen muß. Lärmende Gasse, Schwerfuhrwerke am frühesten Morgen, an das ich aber schon fast gewöhnt bin. Das Zimmer aber doch für mich unbewohnbar. Zwar liegt es am Ende eines sehr langen Vorzimmers und ist äußerlich abgesondert genug, aber es ist ein Betonhaus, ich höre oder vielmehr hörte bis über 10 Uhr hinaus das Seufzen der Nachbarn, die Unterhaltung der Tieferwohnenden, hie und da einen Krach aus der Küche. Außerdem ist über der dünnen Zimmerdecke der Boden und es ist unberechenbar, an welchen Spätnachmittagen, da ich gerade etwas arbeiten wollte, ein wäschehängendes Dienstmädchen mir förmlich, ganz unschuldig, mit dem Stiefelabsatz in den Schädel trat. Hie und da gab es auch ein Klavierspiel und im Sommer aus dem Halbkreis der andern nahegerückten Häuser Gesang, eine Violine und ein Grammophon. Annähernd vollständige Ruhe also erst von 11 Uhr nachts. Also Unmöglichkeit zum Frieden zu kommen, vollkommene Heimatlosigkeit, Brutstätte allen Wahnes, immer größere Schwäche und Aussichtslosigkeit. Wie viel ist darüber noch zu sagen, aber weiter."

Franz Kafka an Felice Bauer (1916/17)

In der Erzählung *Blumfeld, ein älterer Junggeselle,* die er in dieser Wohnung niederschrieb, bezog sich der damals 32jährige
Junggeselle nicht nur auf den Lärm in der Wohnung, dem er
sich hoffnungslos ausgeliefert fühlte, sondern er deutete auch
an, wie dort seine Abende aussahen:

> „Blumfeld ein älterer Junggeselle stieg eines Abends zu
> seiner Wohnung hinauf, was eine mühselige Arbeit war,
> denn er wohnte im sechsten Stock. Während des Hin-
> aufsteigens dachte er, wie öfters in der letzten Zeit daran,
> daß dieses vollständig einsame Leben recht lästig sei, daß
> er jetzt diese sechs Stockwerke förmlich im Geheimen
> hinaufsteigen müsse um oben in seinem leeren Zimmer
> anzukommen, dort wieder förmlich im Geheimen den
> Schlafrock anzuziehn, die Pfeife anzustecken, in der
> französischen Zeitschrift, die er schon seit Jahren abon-
> niert hatte, ein wenig zu lesen, dazu an einem von ihm
> selbst bereiteten Kirschenschnaps zu nippen und schließ-
> lich nach einer halben Stunde zu Bett zu gehn, nicht,
> ohne vorher das Bettzeug vollständig umordnen zu müs-
> sen, das die jeder Belehrung unzugängliche Bedienerin
> immer nach ihrer Laune hinwarf."

Franz Kafka, *Beschreibung eines Kampfes*
und andere Schriften aus dem Nachlaß

Haus „Zum Goldenen Hecht"
in der Langen Gasse
Dlouhá 18 (heute 16), Praha 1

Am 1. März 1915, im Jahr der Veröffentlichung der Erzählung *Die Verwandlung,* zog Kafka in eine Wohnung, in der er
bis zum 28. Februar 1917 seinen Hauptwohnsitz aufschlug.
Über diese Räume in der Langen Gasse äußerte sich Kafka gegenüber Felice:

> „Ich bin übersiedelt, in ein Zimmer, in dem der Lärm etwa
> zehnmal größer ist als in dem frühern, das aber im übrigen
> unvergleichlich schöner ist. Ich dachte unabhängig von der
> Lage und dem Aussehn des Zimmers zu sein. Aber das bin

ich nicht. Ohne freiere Aussicht, ohne die Möglichkeit, ein großes Stück Himmel aus dem Fenster zu sehn und etwa einen Turm in der Ferne, wenn es schon nicht freies Land sein kann, ohne dieses bin ich ein elender, gedrückter Mensch, ich kann zwar nicht angeben, was für ein Teil des

Kafkawohnhaus „Zum Goldenen Hecht"

Elends dem Zimmer anzurechnen ist, aber es kann nicht
wenig sein; ich habe in dem Zimmer sogar Morgensonne,
und da ringsherum viel niedrigere Dächer sind, kommt sie
voll und geradewegs zu mir. Ich habe aber nicht nur Morgensonne, denn es ist ein Eckzimmer und zwei Fenster
gehn nach Südwesten. Damit ich aber nicht übermütig
werde, trampelt über mir in einem (leeren, nichtvermiete-
ten!!) Atelier bis abend jemand mit schweren Stiefeln hin
und her und hat dort irgendeinen im übrigen zwecklosen
Lärmapparat aufgestellt, der die Illusion eines Kegelspiels
erzeugt. Eine schwere Kugel rollt schnell geschoben über
die ganze Länge der Zimmerdecke, trifft in der Ecke auf
und rollt schwerfällig krachend zurück.“

Franz Kafka an Felice Bauer (1915)

Es waren jedoch weder schwere Stiefel noch ein unnützer
Apparat, sondern nur

> „... die Resonanz des ganzen verfluchten Betonhauses ...
> Über dem Zimmer auf dem Boden schnurrt die Maschi-
> nerie des Aufzugs und hallt durch die leeren Boden-
> räume. (Das ist das frühere vermeintliche Atelierge-
> spenst, es gibt aber dort auch Dienstmädchen, die beim
> Wäschetrocknen mit ihren Pantoffeln förmlich meine
> Schädeldecke abtasten.)“

Franz Kafka an Felice Bauer (1915)

Das Häuschen im Goldenen Gäßchen
Zlatá ulička 22, Praha 1

Um die Mitte des Jahres 1916, nachdem Kafka mit Felice einen Urlaub in Marienbad verbracht hatte, begann er sich nach
einem ruhigen Ort zum Schreiben umzusehen. Mit seiner
Lieblingsschwester Ottla ging er auf Wohnungssuche, unter
anderem auch ins Goldene Gäßchen auf der Prager Burg:

„Im Sommer einmal ging ich mit Ottla Wohnung suchen, an die Möglichkeit wirklicher Ruhe glaubte ich
nicht mehr, immerhin ging ich suchen. Wir sahen einiges auf der Kleinseite an, immerfort dachte ich, wenn
doch in einem der alten Palais irgendwo in einem Bo-
denwinkel ein stilles Loch wäre, um sich dort endlich in
Frieden auszustrecken. Nichts, wir fanden nichts Eigent-
liches. Zum Spaß fragten wir in dem kleinen Gäßchen
nach. Ja, ein Häuschen wäre im November zu vermie-
ten. Ottla, die auch, aber in ihrer Art, Ruhe sucht, verliebte sich in den Gedanken, das Haus zu mieten. [...]
Es hatte viele Mängel des Anfangs, ich habe nicht Zeit
genug, um die Entwicklung zu erzählen. Heute ent-
spricht es mir ganz und gar. In allem: der schöne Weg
hinauf, die Stille dort, von einem Nachbar trennt mich
nur eine sehr dünne Wand, aber der Nachbar ist still genug; ich trage mir das Abendessen hinauf und bin dort
meistens bis Mitternacht; dann der Vorzug des Weges
nach Hause: ich muß mich entschließen aufzuhören,
ich habe dann den Weg, der mir den Kopf kühlt. Und
das Leben dort: es ist etwas Besonderes, sein Haus zu haben, hinter der Welt die Tür nicht des Zimmers, nicht
der Wohnung, sondern gleich des Hauses abzusperren;
aus der Wohnungstür geradezu in den Schnee der stil-

Das Goldene Gäßchen auf der Prager Burg

152

len Gasse zu treten. Das Ganze zwanzig Kronen monatlich, von der Schwester mit allem Nötigen versorgt, von dem kleinen Blumenmädchen (Ottlas Schülerin) so geringfügig als es nötig ist bedient, alles in Ordnung und schön."

Franz Kafka an Felice Bauer (1916/17)

„Hier ... gelangt man zu dem sogenannten Alchimistengäßchen (Goldenes Gäßchen), nach beiden Enden blind auslaufend, einem interessanten Stück Alt-Prags. Dem langgestreckten Bau am Hirschgraben (dem ehemaligen Verbindungsgang zwischen Schwarzem und Weißem Turm) sind kleine Häuschen vorgebaut, in welchen zur Zeit Rudolfs II. die Alchimisten hausten."

Griebens Reiseführer Prag, 1911

Das Häuschen besitzt einen außergewöhnlich schönen Keller mit einem Fenster zum Hirschgraben. Der Keller ist so wie der eindrucksvolle Dachboden über eine steile Treppe zu erreichen. Im Parterreraum des Häuschens Nr. 22, den man über einen winzigen Vorflur betritt, wurde eine kleine Buchhandlung eingerichtet.

Im Inneren des Kafkahäuschens

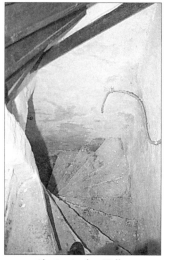

Abstieg in den Keller   Im Keller des Häuschens Nr. 22

Der Dachboden des Kafkahäuschens

An diesem romantischen Ort entstanden ab Spätherbst 1916 eine ganze Reihe bedeutender Texte, unter anderem jene Erzählungen, die 1920 in der Sammlung *Ein Landarzt* veröffentlicht wurden. Kafka verbrachte meist die Abendstunden in dem Häuschen im Goldenen Gäßchen, nachdem er die Arbeiten des Tages verrichtet hatte. Über Nacht konnte (oder wollte) er in dem kleinen Raum nicht bleiben, so ging er meist in den frühen Morgenstunden oder gegen „Mitternacht über die Alte Schloßstiege zur Stadt hinunter" und kehrte über die damals noch neue Mánesbrücke und die Karpfengasse in seine Altstädter Wohnung zurück.

> „Nach Deinem Weggehn war ein großer Sturmwind im Hirschgraben, vielleicht zufällig, vielleicht absichtlich. Gestern habe ich im Palais verschlafen; als ich ins Haus hinaufkam, war das Feuer schon ausgelöscht und sehr kalt. Aha, dachte ich, der erste Abend ohne sie und schon verloren. Aber dann nahm ich alle Zeitungen und auch Manuskripte und es kam nach einiger Zeit noch ein sehr schönes Feuer zustande."
>
> Franz Kafka an seine Schwester Ottla (1917)

Das Palais Schönborn in der Marktgasse
Tržiště 15, Praha 1

Ab März 1917 mietete Kafka zusätzlich zum Arbeitszimmer im Goldenen Gäßchen eine Wohnung im Palais Schönborn.

> „Der gräflich Schönbornsche Palast, Marktgasse 15 (schöne Fresken), mit einem Garten, welcher bis zum unteren Teil des Laurenziberges ansteigt und von seiner hochgelegenen Gloriette eine wundervolle Aussicht bietet. Eintritt gegen Meldung beim Portier. Von hier ist unweit der Kleinseitner Ring."
>
> *Griebens Reiseführer Prag,* 1911

Das Palais Schönborn (heute amerikanische Botschaft)

„Zu jener Zeit etwa kam ich aus München mit neuem Mut zurück, ging in ein Wohnungsbüro, wo mir als erstes fast eine Wohnung in einem der schönsten Palais genannt wurde. Zwei Zimmer, ein Vorzimmer, dessen eine Hälfte als Badezimmer eingerichtet war. Sechshundert Kronen jährlich. Es war wie die Erfüllung eines Traumes. Ich ging hin. Zimmer hoch und schön, rot und gold, wie etwa in Versailles. Vier Fenster in einen ganz versunkenen stillen Hof, ein Fenster in den Garten. Der Garten! Wenn man in den Torweg des Schlosses kommt, glaubt man kaum, was man sieht. Durch das hohe Halbrund des von Karyatiden flankierten zweiten Tores sieht man von schön verteilten, gebrochenen verzweigten steinernen Treppen an den großen Garten eine weite Lehne langsam und breit hinaufsteigen bis zu einer Gloriette. Nun hatte die Wohnung einen kleinen Fehler. Der bisherige Mieter, ein getrennt von seiner Frau lebender junger Mann, hatte in der Wohnung mit seinem Diener nur ein paar Monate gewirtschaftet, war dann überraschend versetzt worden (er ist Beamter), mußte von Prag weg, hatte aber in der kurzen Zeit schon so viel in der Wohnung investiert, daß er sie nicht ohne weiters aufgeben wollte. Es behielt sie deshalb und suchte jemanden, der ihm die Auslagen (Einführung des elektrischen Lichtes, Einrichtung des Badezimmers, Einbau von Schränken, Einführung eines Telephons, einen großen aufgespannten Teppich) wenigstens teilweise ersetzen würde. Ich war dieser jemand nicht. Er wollte dafür (sicherlich wenig genug) sechshundertfünfzig Kronen. Es war mir zu viel, auch waren mir die überhohen kalten Zimmer zu prachtvoll, schließlich hatte ich ja auch keine Möbel, kleinere Rücksichten kamen noch dazu. Nun fand sich aber in dem gleichen Schloß, direkt von der Verwaltung zu mieten, eine andere Wohnung, im zweiten Stock, etwas niedrigere Zimmer, Gassenaussicht, vor den Fenstern ganz nahe gerückt der Hradschin. Freundlicher, menschlicher, bescheiden eingerichtet, eine zu Gast hiergewesene Komtesse, wahrscheinlich mit bescheideneren Ansprüchen, hatte hier gewohnt, die mädchenhafte, aus alten Möbeln zusammengesetzte Einrichtung stand noch da. Es waren aber Zweifel, ob

Palais Schönborn, Blick in den Garten

157

die Wohnung zu haben sein wird. Das machte mich damals verzweifelt. [...]

Und gerade jetzt entscheidet es sich, daß die Wohnung im Schloß mir nun doch zur Verfügung steht. Der Verwalter, dem ich eine Gefälligkeit getan, ist mir sehr freundlich gesinnt. Ich bekomme jene Gassenwohnung um sechshundert, allerdings ohne Möbel, auf die ich gerechnet hatte. Es sind zwei Zimmer, ein Vorzimmer. Elektrisches Licht ist da, allerdings kein Badezimmer, keine Wanne, aber ich brauche sie auch nicht. Nun kurz die Vorteile des gegenwärtigen Standes gegenüber der Schloßwohnung: 1. der Vorteil des Alles-bleibt-beim-alten, 2. ich bin doch jetzt zufrieden, warum mir doch möglicherweise Reue schaffen, 3. Verlust des eigenen Hauses, 4. Verlust des Weges in der Nacht, der mir den Schlaf bessert, 5. ich müßte mir Möbel von der jetzt bei uns wohnenden Schwester ausborgen, für das eine Zimmer, das riesenhaft groß ist, hätte ich eigentlich nur ein Bett. Kosten der Übersiedlung, 6. jetzt wohne ich um zehn Minuten dem Büro näher. Die Schloßwohnung geht, glaube ich, nach Westen, mein Zimmer hat Morgenlicht.

Dagegen Vorteile der Schloßwohnung: 1. der Vorteil des Wechsels überhaupt und des Wechsels im besonderen, 2. der Vorteil einer eigenen stillen Wohnung, 3. in der gegenwärtigen Arbeitswohnung bin ich doch nicht ganz unabhängig, eigentlich nehme ich sie doch Ottla weg; so lieb und aufopfernd sie zu mir ist, bei schlechter Laune läßt sie es wider Willen doch einmal in der Zeit merken. Allerdings wird es ihr gewiß leid tun, wenn ich nicht mehr in das Häuschen komme, im Grunde genügt es ihr, hie und da, mittag und Sonntag bis 6 Uhr dort zu sein, 4. Den Nachhauseweg werde ich allerdings nicht haben, auch herausgehn wird in der Nacht schwer sein, da das Tor nicht von außen aufsperrbar ist, aber dafür kann ich in der Nacht in dem sonst nur den Herrschaften vorbehaltenen Teil des Parkes gern und gut ein Weilchen spazieren gehn, 5. nach dem Krieg will ich doch versuchen, zunächst ein Jahr Urlaub zu bekommen, gleich wird das, wenn überhaupt, wohl nicht möglich sein. Nun, dann hätten wir zwei die wunderbarste

Wohnung, die ich in Prag denken kann, für Dich vorbereitet, allerdings nur für verhältnismäßig kurze Zeit,
während welcher Du auf eigene Küche und sogar aufs
Badezimmer verzichten müßtest. Trotzdem wäre es in
meinem Sinn und Du könntest Dich zwei, drei Monate
tief ausruhn. Und der unbeschreibliche Park etwa im
Frühjahr, Sommer (Herrschaft ist weg) oder Herbst. Si-
chere ich mir die Wohnung aber nicht gleich jetzt, sei es
daß ich hinziehe oder (wahnsinnige, alle Beamtenbe-
griffe übersteigende Verschwendung!) sie nur bezahle,
hundertfünfzig Kronen vierteljährig, bekomme ich sie
kaum mehr, eigentlich habe ich sie ja schon genommen,
aber der Verwalter entläßt mich gewiß gern aus dem
Wort, besonders da für ihn die Angelegenheit begreifli-
cherweise nicht den winzigsten Teil der Bedeutung hat
wie für mich. Wie wenig habe ich gesagt. Nun aber ur-
teile, und bald."

Franz Kafka an Felice Bauer (1916/17)

Im Palais Schönborn erlitt Kafka in der Nacht vom 12. auf
den 13. August einen schweren Blutsturz. Die Vermutung sollte bald darauf zur diagnostischen Gewißheit werden: Tuberkulose. Kafka berichtete später seiner Freundin Milena:

„Vor etwa 3 Jahren begann es bei mir mitten in der
Nacht mit einem Blutsturz. Ich stand auf, angeregt wie
man durch alles neue ist (statt liegen zu bleiben, wie
ich es später als Vorschrift erfuhr), natürlich auch etwas erschreckt, gieng zum Fenster, lehnte mich hinaus,
gieng zum Waschtisch, gieng im Zimmer herum, setzte mich auf's Bett – immerfort Blut. Dabei aber war
ich gar nicht unglücklich, denn ich wußte allmählich
aus einem bestimmten Grunde, daß ich nach 3, 4 fast
schlaflosen Jahren, vorausgesetzt, daß die Blutung auf-
hört, zum erstenmal schlafen werde. Es hörte auch auf
(kam auch seitdem nicht wieder) und ich schlief den
Rest der Nacht. Am Morgen kam zwar die Bedienerin
(ich hatte damals eine Wohnung im Schönborn-Pa-
lais), ein gutes, fast aufopferndes, aber äußerst sachli-
ches Mädchen, sah das Blut und sagte: ‚Pane doktore,
s Vámi to dlouho nepotrvá.' [dt. Herr Doktor, mit

159

Das Geschäft Hermann Kafkas, das sich bis 1918
im Palais Kinsky befand (ursprüngliche Einrichtung)

Ihnen dauert's nicht mehr lange, Anm. d. Verf.] Aber mir war besser als sonst, ich ging ins Bureau und erst nachmittag zum Arzt. Die weitere Geschichte ist hier gleichgiltig."

Franz Kafka an Milena Jesenská (1920)

„Es war so, daß das Gehirn die ihm auferlegten Sorgen und Schmerzen nicht mehr ertragen konnte. Es sagte: ‚ich gebe es auf; ist hier aber noch jemand, dem an der Erhaltung des Ganzen etwas liegt, dann möge er mir etwas von meiner Last abnehmen und es wird noch ein Weilchen gehn.‘ Da meldete sich die Lunge."

Franz Kafka an Milena Jesenská (1920)

Der zuerst konsultierte Arzt diagnostizierte einen Bronchialkatarrh, auf Anraten von Max Brod ließ sich Kafka von einem Spezialisten untersuchen. Prof. Dr. Friedel Pick bestätigte schließlich die röntgenologischen Befunde: Lungenspitzenkatarrh (dazu Kafka: „Das ist das Wort, so wie wenn man jemandem Ferkelchen sagt, wenn man Sau meint.").

„Gestern kam ein Brief von Dr. Mühlstein (ich hatte ihm erst brieflich mitgeteilt, daß ich beim Professor P. gewesen bin, legte auch eine Abschrift des Gutachtens bei), in welchem es unter anderem heißt: Besserung (!) können Sie sicher erwarten, allerdings wird sie nur in längern Zeitintervallen zu konstatieren sein.

So haben sich allmählich meine Aussichten bei ihm getrübt. Nach der ersten Untersuchung war ich fast ganz gesund, nach der zweiten war es sogar noch besser, später ein leichter Bronchialkatarrh links, noch später ‚um nichts zu verkleinern und nichts zu vergrößern‘ Tuberkulose rechts und links, die aber in Prag und vollständig und bald ausheilen wird, und jetzt schließlich kann ich einmal, einmal Besserung sicher erwarten. Es ist, als hätte er mir mit seinem großen Rücken den Todesengel, der hinter ihm steht, verdecken wollen und als rücke er jetzt allmählich beiseite. Mich schrecken (leider?) beide nicht."

Franz Kafka an Felix Weltsch (1917)

Tuberkulose – das war nicht nur ein Leiden, sondern auch die Diagnose, mit der Franz Kafka hoffen konnte eine Pensionierung zu erwirken, um sich endlich ganz und gar dem Schreiben zu widmen. Der Pensionsantrag vom 6. September 1917 wurde zwar abgelehnt, immerhin aber genehmigte man ihm einen dreimonatigen Erholungsurlaub, den er bei seiner Schwester Ottla im nordböhmischen Zürau (Siřem) verbrachte. Seine beiden Wohnsitze in Prag gab er bald auf. Während seiner (immer seltener werdenden) Aufenthalte in Prag wohnte Kafka von nun an bei seinen Eltern im Oppelthaus.

Im Juli dieses denkwürdigen Jahres 1917 verlobte sich Franz Kafka zwar ein zweites Mal mit Felice Bauer, doch wäh-

Die Alte Schloßstiege (um 1895)

rend der Weihnachtsfeiertage desselben Jahres fand die end-
gültige Entlobung und Trennung statt. Mit der Liquidation
der Asbestfabrik gelang es Kafka, seine Teilhaberschaft an dem
Unternehmen und damit eine weitere Fessel loszuwerden.

Da der Erholungsurlaub bis April 1918 verlängert wurde,
konnte Kafka zurück zu Ottla nach Zürau fahren.

Kafkas Schwester Ottla mit ihrem Mann Josef David

Zeitgeschichtlicher Hintergrund

1919   * antisemitische Ausschreitungen in Prag
            * Demonstrationen und Generalstreik
              in den deutschbesiedelten Regionen
            * Rücktritt der Regierung Kramář
            * Oskar Wiener: *Deutsche Dichter aus Prag*
            * Franz Kafka: *In der Strafkolonie*
            * Oskar Baum: *Die Tür ins Unmögliche*
            * Franz Janowitz: *Auf der Erde*

Teinhof und Ungelt, im Hintergrund die Teinkirche

„Obwohl Prag in Kafkas Werk höchstens in gelegentlichen Umschreibungen deutlich wird, ist es doch überall in den Schriften enthalten wie das Salz jenes buddhistischen Gleichnisses im Wasser."

Johannes Urzidil, *Da geht Kafka*

1919
Nach dem Weltkrieg

Im Oktober des Jahres 1918 erkrankte Kafka schwer an der Spanischen Grippe. Zwar nahm er im November seine Arbeit wieder auf, weitere Kur- und Erholungsaufenthalte waren jedoch vorprogrammiert. Er fuhr in die Pension Stüdl in Schelesen (Želesy) bei Liboch an der Elbe, auch die ersten Monate des Jahres 1919 verbrachte er in dieser Pension.

Dort lernte Kafka die 30jährige Julie Wohryzek kennen, mit der er im Frühjahr und Sommer viel Zeit verbrachte. Zwar feierten sie bald Verlobung, doch auch diese Liaison war nicht von Dauer und scheiterte schließlich im Herbst an den Zweifeln Kafkas. Dabei spielte es nur eine untergeordnete Rolle, daß auch der mittlerweile wohlhabende Vater einer Heirat mit dieser aus einfachen Verhältnissen stammenden Braut nicht zustimmen wollte.

> „Im Riegerpark gewesen. An den Jasminbüschen mit J. auf- und abgegangen. Lügenhaft und wahr, lügenhaft im

Blick vom Riegerpark auf Prag

165

Seufzen, wahr in der Gebundenheit, im Vertrauen, im Geborgensein. Unruhiges Herz."

Tagebucheintrag vom 30. Juni 1919

„Montag Feiertag im Baumgarten, im Restaurant, in der Gallerie. Leid und Freude, Schuld und Unschuld wie zwei unlösbar in einander verschränkte Hände, man müßte sie durchschneiden durch Fleisch Blut und Knochen."

Tagebucheintrag vom 8. Dezember 1919

„Donnerstag. Kälte. Schweigend mit J. im Riegerpark. Verführung auf dem Graben. Das alles ist zu schwer. Ich bin nicht genug vorbereitet. Es ist in einem geistigen Sinn so, wie es vor 26 Jahren der Lehrer Beck ohne allerdings den prophetischen Spaß zu merken, sagte: ‚Lassen Sie ihn noch in die fünfte Klasse gehn, er ist zu schwach, solche Überhetzung rächt sich später.' Tatsächlich bin ich so gewachsen wie allzu schnell hochgetriebene und vergessene

Ehemalige Restauration im Baumgarten (um 1885)

166

Setzlinge, eine gewisse künstlerische Zierlichkeit in der aus-
weichenden Bewegung, wenn ein Luftzug kommt ...“
Tagebucheintrag vom 11. Dezember 1919

Nach einer zweijährigen Schaffenspause verfaßte Kafka 1919
einen der eigenwilligsten Texte innerhalb der deutschsprachigen Literatur. Dieses Prosawerk markierte zugleich den Zenit
seines schriftstellerischen Schaffens. Der *Brief an den Vater*,
welchen der 36 Jahre alte Sohn im November des Jahres während eines weiteren Aufenthaltes – diesmal mit Max Brod –
in Schelesen verfaßte, war der Versuch einer Bewältigung seines Konflikts mit dem übermächtigen Vater.

> „Liebster Vater, Du hast mich letzthin einmal gefragt,
> warum ich behaupte, ich hätte Furcht vor Dir. Ich wußte
> Dir, wie gewöhnlich, nichts zu antworten, zum Teil eben
> aus der Furcht, die ich vor Dir habe, zum Teil deshalb,
> weil zur Begründung dieser Furcht zu viele Einzelheiten
> gehören, als daß ich sie im Reden halbwegs zusammen-
> halten könnte. Und wenn ich hier versuche Dir schrift-
> lich zu antworten, so wird es doch nur sehr unvollstän-
> dig sein, weil auch im Schreiben die Furcht und ihre
> Folgen mich Dir gegenüber behindern und weil über-
> haupt die Größe des Stoffs über mein Gedächtnis und
> meinen Verstand weit hinausgeht.“
>
> Franz Kafka, *Brief an den Vater*

Wie die verblichene Monarchie war auch die ihr nachfolgende Tschechoslowakei ein Vielvölkerstaat, in dem das Mehr-
heitsvolk den Ton angab, nun freilich unter geänderten Vor-
zeichen. Die Wogen des Antisemitismus in den ersten Jahren
der Republik waren zwar nichts Neues, dennoch aber bemerkenswert und in ihrer Heftigkeit erstaunlich – zumal in Anbe-
tracht der eindeutigen Ablehnung dieser Tendenzen durch
den in weiten Teilen der tschechoslowakischen Bevölkerung
sehr geschätzten Präsidenten T. G. Masaryk. Doch auch Masaryk, der als Anwalt mutig für einen zu Unrecht des Ritual-
mordes bezichtigten Juden eingetreten war und sich dabei
nicht scheute, seine Karriere aufs Spiel zu setzen, konnte die
Ausbrüche des Straßenpöbels nicht verhindern:

Der erste tschechoslowakische Präsident Tomáš Garrigue Masaryk

„Die ganzen Nachmittage bin ich jetzt auf den Gassen und bade im Judenhaß. ‚Prašivé plemeno‘ [dt. räudige Rasse, Anm. d. Verf.] habe ich jetzt einmal die Juden nennen hören. Ist es nicht das Selbstverständliche, daß man von dort weggeht, wo man so gehaßt wird (Zionismus oder Volksgefühl ist dafür gar nicht nötig)? Das Heldentum, das darin besteht doch zu bleiben, ist jenes der Schaben, die auch nicht aus dem Badezimmer auszurotten sind.

Gerade habe ich aus dem Fenster geschaut: berittene Polizei, zum Bajonettangriff bereite Gendarmerie, schreiende auseinanderlaufende Menge und hier oben im Fenster die widerliche Schande, immerfort unter Schutz zu leben.“

Franz Kafka an Milena Jesenská (1920)

„Es ist etwa so, wie wenn jemand vor jedem einzelnen Spaziergang nicht nur sich waschen, kämmen u. s. w. müßte – schon das ist ja mühselig genug – sondern auch noch, da ihm vor jedem Spaziergang alles Notwendige immer wieder fehlt, auch noch das Kleid nähn, die Stiefel zusammenschustern, den Hut fabricieren, den Stock zurechtschneiden u. s. w. Natürlich kann er das alles nicht gut machen, es hält vielleicht paar Gassen lang, aber auf dem Graben z. B. fällt plötzlich alles auseinander und er steht nackt da mit Fetzen und Bruchstücken. Diese Qual nun, auf den Altstädter Ring zurückzulaufen! Und am Ende stößt er noch in der Eisengasse auf einen Volkshaufen, welcher auf Juden Jagd macht.

Mißversteh mich nicht Milena, ich sage nicht daß dieser Mann verloren ist, ganz und gar nicht, aber er ist verloren wenn er auf den Graben geht, er schändet dort sich und die Welt.“

Franz Kafka an Milena Jesenská (1920)

Die ehemalige Tischlerwerkstätte Kornhäuser in Prag-Karolinenthal

Šaldova 5, Praha 8

Kafka bemühte sich, durch verschiedene handwerkliche Tätigkeiten einen Ausgleich für den Büroalltag in der Versicherungsanstalt zu erlangen. Zu Beginn des 20. Jahrhunderts standen Reformideen hoch im Kurs, und so kam die Arbeit im Freien Kafkas Vorstellungen von naturnahem Leben nahe. Er versuchte sich als Hilfsgärtner in der Gärtnerei Dvorský unweit des Emausklosters (Na slupi 19) oder half nachmittags, nach den Kanzleistunden, in der Karolinenthaler Tischlerei Kornhäuser aus.

Davon berichtete später der Schriftsteller Gustav Janouch in seinem Erinnerungsbuch *Gespräche mit Kafka:*

„Während meines ... Besuches bei Kafka fragte ich:
,Gehen Sie noch zu dem Tischler in Karolinenthal?'
,Sie wissen davon?'
,Mein Vater hat es mir gesagt.'
,Nein, ich gehe schon lange nicht mehr. Seine Majestät der Körper.'
,Das kann ich mir vorstellen. Die Arbeit in der verstaubten Werkstätte ist nichts Angenehmes.'
,Da irren Sie aber. Ich liebe die Arbeit in der Werkstätte. Der Geruch des gehobelten Holzes, das Singen der Säge, die Hammerschläge, alles bezauberte mich. Der Nachmittag schwand nur so dahin. Der Abend setzte mich immer in Erstaunen.'
,Da waren Sie sicherlich müde.'
,Ich war müde, aber auch glücklich. Es gibt nichts Schöneres als so ein Handwerk. Außer der Tischlerei habe ich schon in der Landwirtschaft gearbeitet. Das war alles viel schöner und wertvoller als der Frondienst in der Kanzlei. Anscheinend ist man da etwas Höheres, Besseres, aber das ist eben nur Anschein. In Wirklichkeit ist man bloß einsamer und darum unglücklicher. Das ist alles. Intellektuelle Arbeit reißt den Menschen aus der menschlichen Gesellschaft. Das Handwerk dagegen führt ihn zu den Menschen. Schade, daß ich nicht mehr in der Werkstatt oder im Garten arbeiten kann.'"

Ehemalige Tischlerwerkstätte Kornhäuser in Karlín

Zeitgeschichtlicher Hintergrund

1920   * Groß-Prag entsteht als Verwaltungseinheit und
wird damit zur elftgrößten Stadt Europas.
* Am 2. Oktober wird Büchners *Woyzeck* im
Deutschen Landestheater in Prag gegeben.
* Das Deutsche Landestheater wird am
16. November von Tschechen besetzt.
* Der Umbau der Prager Burg
durch Josip Plečník beginnt.
* Karel Čapek: *R. U. R.*
* Oskar Wiener: *Im Prager Dunstkreis*
* Franz Kafka: *Ein Landarzt*
* Melchior Vischer: *Sekunde durch Hirn*

1921   * Im Mai wird in Prag die Kommunistische
Partei der Tschechoslowakei gegründet.
* Die *Prager Presse* erscheint im März erstmals als
offiziöses deutschsprachiges Regierungsorgan.
* Max Brod: *Heidentum, Christentum, Judentum*
* Johannes Urzidil (Hg.): *Karl Brand.
Das Vermächtnis eines Jünglings*
* Franz Werfel: *Bocksgesang*

1922   * Josef Václav Myslbek, der Schöpfer des
St.-Wenzel-Denkmals auf dem Wenzelsplatz,
stirbt.
* Thomas Mann liest in der Produktenbörse
aus dem noch unveröffentlichten *Zauberberg*.
* Ernst Sommer: *Der Fall des Bezirksrichters Fröhlich*
* Oskar Wiener: *Alt-Prager Guckkasten*
* A. F. Dietzenschmidt:
Die Nächte des Bruder Vitalis

1920–1922
Jahre der Krankheit

1920 begann Kafkas Bekanntschaft und Korrespondenz mit der tschechischen Journalistin Milena Jesenská. Die 24jährige hatte sich schon 1919 daran interessiert gezeigt, Kafkas *Heizer* ins Tschechische zu übersetzen; für Kafka war das eine neue Erfahrung, hatten doch weder Felice Bauer noch Julie Wohryzek ein tieferes Verständnis oder auch nur Interesse für seine literarischen Arbeiten entwickelt. Das leidenschaftliche Verhältnis zu der in Wien lebenden Frau, die in unglücklicher Ehe mit dem Prager Bonvivant und Kaffeehausliteraten Ernst Polak ein recht armseliges Leben führte, wurde für Kafka letztendlich zu einem weiteren Beleg seiner Bindungsängste. An Ängsten fehlte es wahrlich nicht:

> „Bitte schreiben Sie die Adresse ein wenig deutlicher, ist Ihr Brief schon im Umschlag dann ist er schon fast mein Eigentum und Sie sollen fremdes Eigentum sorgfältiger, mit mehr Verantwortungsgefühl behandeln. Tak. [dt. so, Anm. d. Verf.] Ich habe übrigens auch den Eindruck, ohne es näher bestimmen zu können, daß ein Brief von mir verloren gegangen ist. Ängstlichkeit des Juden! Statt zu fürchten, daß die Briefe gut ankommen!"
>
> Franz Kafka an Milena Jesenská (1920)

Am 18. Dezember des Jahres 1920 trat Kafka eine längere Liege- und Kräftigungskur im slowakischen Matliary in den Bergen der Hohen Tatra an. In der dortigen Lungenheilanstalt lernte er den tuberkulosekranken Medizinstudenten Robert Klopstock kennen, der ihm bis an sein Lebensende freundschaftlich verbunden blieb. Als Klopstock später nach Prag übersiedelte – und sich dort gar nicht wohlfühlte –, empfahl ihm Kafka, nach Berlin zu gehen, da der Wert von Prag „fragwürdig" sei.

173

Milena Jesenská (mit ihrem Tennislehrer)

In diesen Jahren bedeutete Kafka die Veröffentlichung seiner Werke nur mehr wenig; dennoch begann er im Februar 1922, an dem unvollendet gebliebenen Roman *Das Schloß* zu arbeiten, im August waren die ersten neun Kapitel fertig. Vom 27. Januar bis zum 17. Februar des Jahres erholte sich Kafka in dem bis 1945 deutschböhmischen Wintersportort Spindlermühle (Špindlerův mlýn) im Riesengebirge.

Kafka wünschte sich schon lange, den ungeliebten Brotberuf, die Arbeit in der Versicherungsanstalt, aufgeben zu können – nun ging dieser Wunsch stufenweise in Erfüllung: Erst waren es lange krankheitsbedingte Erholungsurlaube, von denen ihm die Rückkehr nach Prag jedesmal schwerfiel, und schließlich die Frühpensionierung, die endgültig zum 1. Juli 1922 genehmigt wurde. Franz Kafkas Gesundheitszustand ließ sich durch die diversen Kuren und Sanatoriumsaufenthalte nicht mehr nachhaltig bessern.

Den Sommer des Jahres 1922 verbrachte der soeben pensionierte Kafka bei Ottla in Planá an der Lužnitz in Südböhmen. Ottla stellte ihrem lärmempfindlichen Bruder ein großes Zimmer zur Verfügung, während sie sich zusammen mit ihrer Tochter Věra ein kleineres teilte.

Künstlerhaus Mánes

Zeitgeschichtlicher Hintergrund

1923   * Finanzminister Alois Rašín stirbt
an den Folgen eines Attentates.
* Albert Schweitzer spricht in der Urania
über *Philosophie und Ethik.*
* Jaroslav Hašek stirbt.
* Rainer Maria Rilke: *Die Sonette an Orpheus*
* Leo Perutz: *Der Meister des jüngsten Tages*

1924   * Am 19. Juni arrangieren Max Brod, Hans
Demetz und Johannes Urzidil in der Kleinen
Bühne eine Trauerfeier für Franz Kafka.
* Franz Werfel: *Verdi. Roman der Oper*
* Franz Kafka: *Ein Hungerkünstler*
* Egon Erwin Kisch: *Der rasende Reporter*
* Ernst Weiß: *Der Fall Vukobrankovics*

„Es ist Kafkas nahezu satirisches Verdienst, daß jenes Prag, das mit
ihm abschloß, doch nicht mit ihm begraben wurde ...“

Johannes Urzidil, *Da geht Kafka*

1923/1924
Letzte Jahre in Berlin, Prag und Kierling bei Wien

Kafkas letzte Lebensjahre waren von seiner sich ständig verschlimmernden Krankheit und den damit verbundenen Sanatoriums- und Kuraufenthalten geprägt. Schon im Frühjahr 1923 war Kafka meist bettlägerig, im Mai verbrachte er einen Erholungsurlaub in Dobřichovice, den Sommer verlebte er im Ostseebad Graal-Müritz, wo er schließlich seine letzte Liebe, die fürsorgliche Dora Diamant, kennenlernte. Bereits am 24. Januar des Jahres zog er zu ihr nach Berlin. Jetzt erlebte er noch einmal den Anschein einer glücklichen Liebesbeziehung und entkam zumindest vorübergehend seinen Dämonen. In Berlin hatte er auch Kontakt zum Arzt und Schriftsteller Ernst Weiß. Wenn es seine Kräfte zuließen, besuchte Kafka die Hochschule für die Wissenschaft des Judentums.

Die Not des Inflationssommers 1923 bekam auch Kafka zu spüren, und sein Gesundheitszustand verschlechterte sich. Von den Nachrichten über Franzens Befinden alarmiert, die Dora Diamant den Eltern übermittelt hatte, kam Dr. Siegfried Löwy nach Berlin und überredete den widerstrebenden Neffen zur Rückkehr nach Prag. Im März 1924 fuhr Kafka zusammen mit Max Brod für etwa drei Wochen nach Hause. Die Krankheit war weiter fortgeschritten, die Tuberkulose hatte bereits den Kehlkopf befallen.

Im April reiste Kafka nach Österreich, um sich dort fachärztlich behandeln zu lassen.

Nach Aufenthalten im Sanatorium Wiener Wald in Niederösterreich sowie einer Woche im Allgemeinen Krankenhaus Wien (Laryngologische Klinik des Prof. Dr. Hajek) wechselte der Schwerkranke ins Sanatorium des Dr. Hoffmann in Kierling bei Wien, wo er von seinem Freund Robert Klopstock und Dora Diamant gepflegt wurde. Der Schriftsteller verbrachte

177

in diesem Sanatorium die letzten sechs Wochen seines Lebens, in denen schließlich seine Stimme gänzlich versagte und die qualvolle Hoffnungslosigkeit seiner Krankheit offenbar wurde.

Kafka, der sich zuletzt nur mehr mittels Gesprächszettel verständlich machen konnte und der unter Schmerzen und Durst litt, verstarb am Vormittag des 3. Juni 1924.

Seine Beisetzung fand acht Tage später am 11. Juni um 4 Uhr nachmittags bei frühsommerlichem Wetter auf dem Neuen Jüdischen Friedhof in Prag-Straschnitz (Strašnice) statt. Dem Sarg folgte die Familie des Dichters, dahinter gingen Dora Diamant sowie einige Bekannte des Verstorbenen.

Hebräische Aufschrift in der Altneusynagoge

Der Neue Jüdische Friedhof
in Prag-Strašnice

(Nový židovský hřbitov) Nad vodovodem 1, Praha 3

„Eines der größten Friedhofsareale Prags wurde im Jahre 1881 angelegt. Bedeutende Architekten der Jahrhundertwende wie Antonín Balšánek, Jan Kotěra und Josef Zasche haben auf diesem Friedhof Grabmäler entworfen. Rechts vom Eingang, etwa 200 m vom Pförtnerhaus entfernt, befindet sich das Grab Franz Kafkas mit Inschriften in deutscher und hebräischer Sprache."

Hugo Rokyta, *Die Böhmischen Länder – Prag*

„Ich ging in dem Trauerzug, der Kafkas Sarg von der Zeremonienhalle zum offenen Grab geleitete; hinter der Familie und der bleichen Gefährtin, die von Max Brod gestützt wurde, ging ich mit seinen Freunden. Sie alle waren damals noch jung, die ältesten jedenfalls (Brod, Hugo Bergmann und Oskar Baum) erst am Beginn der Vierzig; Felix Weltsch, Ludwig Winder, Rudolf Fuchs und Friedrich Thieberger (mein Schwager und Kafkas Hebräischlehrer) noch in den Dreißig, ich war im neunundzwanzigsten Jahr. Nur wenige von den etwa hundert Menschen, die damals unter den Weiden und Zypressen mitschritten, leben jetzt noch und konnten Zeugen von Kafkas paradigmatischer Weltbedeutung werden. Als der Sarg sank, schrie Dora Diamant qualvoll und durchdringend auf, aber ihr Schluchzen, das ja nur der ermessen konnte, für den es bestimmt war, umschleierte der Nachklang des hebräischen Totengebetes, das die Heiligkeit Gottes und herztiefe Hoffnung auf Erlösung verkündigt. ‚Schreiben als Form des Gebets‘, das war Kafkas Definition des Schriftstellers gewesen; und: ‚Wenn auch keine Erlösung kommt, so will ich doch in jedem Augenblick ihrer würdig sein‘, das war sein Glaube. Wir warfen Erde in das Grab. Ich habe diese Erde genau in Erinnerung. Es war helle, klobige, lehmige, mit zerbröckelten Steinstückchen und Kieseln durchsetzte Erde, die mit Gedröhne auf die Sargkiste fiel. Dann löste sich die Trauergemeinde auf. Ich ging mit meiner Frau, die schon von Kind an freundnachbarlich mit Kafka verbunden

179

gewesen war, und mit dem Dichter und Übersetzer Rudolf Fuchs zwischen den Gräbern davon. Es wurde kein Wort gesprochen. Endlich fing es gar aus dem trüb gewordenen Himmel zu regnen an."

Johannes Urzidil, *Da geht Kafka*

In einem ersten Nachruf im *Prager Tagblatt* vom 4. Juni 1924 würdigte Max Brod seinen verstorbenen Freund:

Zeremonienhalle auf dem Neuen Jüdischen Friedhof

„Wo anfangen? – Es ist einerlei. Denn zu dem Besonderen dieser Erscheinung gehört es, daß man von jeder Seite her zu demselben Ergebnis kommt. – Schon daraus geht hervor, daß sie Wahrhaftigkeit, unerschütterliche Echtheit, Reinheit ist. Denn die Lüge bietet nach jeder Seite hin einen anderen Anblick, und das Unreine schillert. Hier aber bei Franz Kafka, und fast möchte ich sagen, bei ihm allein im ganzen literarischen Umkreis der Moderne, gibt es kein Schillern, keinen Prospektwechsel, keine Verschiebung der Kulissen. Hier ist Wahrheit und nichts als sie."

Max Brod

Auch eine Reihe weiterer Prager sowie deutscher, insbesondere Berliner Blätter meldeten Kafkas Tod oder brachten Nachrufe. Dazu gehörten Zeitungen wie das *Prager Abendblatt* (Nachruf von Rudolf Fuchs), die *Prager Presse* (Nachruf von Oskar Baum, wenige Tage später eine „Dichterehrung" von Otto Pick), das *Berliner Tageblatt*, der *Berliner Börsenkurier*, die *Vossische Zeitung* oder die *Frankfurter Zeitung*. In der jüdischen Zeitschrift *Selbstwehr* veröffentlichte Kafkas Schulfreund Felix Weltsch ein Gedenkblatt für den Verstorbenen, in dem vermerkt war, daß er „ein Jude von tiefster Verbundenheit mit dem Judentum, ein glühender Zionist" gewesen sei.

Den folgenden Nachruf publizierte Anton Kuh eine Woche nach Kafkas Tod in *Die Stunde*, nachdem praktisch die gesamte österreichische Presse, die freilich mit dem Attentat auf Bundeskanzler Dr. Ignaz Seipel beschäftigt war, das Ableben des Autors verschlafen hatte.

> „Nehmen wir an, der große vaterländische Dichter Hans Müller – oder sein kluger Bruder Lothar – oder: Anton Wildgans, Karl Schönherr, Karl Hans Strobl – nehmen wir an, einer dieser Vielgenannten schlösse eines Tages auf Nimmerwiedererwachen – angenommen, sag ich – was für ein Gesumms und Geruder würde es geben, da schon um die Lebenden der Schaum hoch spritzt.
>
> Die wechselseitige Namensversicherungsgesellschaft der Platten, Sprachlosen, in der Zeitungsebene Seßhaften funktioniert eben prompt und tüchtig.

Aber, da starb vor einigen Tagen ein Dichter; einer von jenen, deren Leben in der Zeit künftig immer wichtiger erscheint als ihre Zeit; einer von jenen, über die, anläßlich des zehnten, fünfzigsten oder hundertsten Sterbetags die Müllers, Lothars e tutti quanti feine, sprachduftige, pointennachhaltige Feuilletons schreiben.

Er starb, und kein Causeur-Hahn krähte nach ihm.

Kein zehnspaltig von sich Bewegter geriet in Bewegung.

Warum?

Aus literarischer Unbildung? Oder weil der Verstorbene der edlen Minorität beizuzählen war und nicht den Zeitungsgefälligen?

Mag sein. Aber der Hauptgrund lag ganz sicher darin, daß dieser Franz Kafka, in dessen äußerlich knappem Werk Sprache endlich wieder ein Gesicht trägt, nirgends der affektierten Verhimmelung und Anbiederung Stoff gab, weil er eben völlig und in seinem ‚Ja‘ so gut wie in seinem ‚Nein‘ jenseits der Zeitungswelt lebte, ein Insasse der einsamen Dreidimensionalität der Kunst. Später werden sie sein Leben (er lag die letzten zehn Jahre hindurch fast ununterbrochen im Bett) dem Pascals vergleichen; sie werden Zusammenhänge zwischen seinen Dichtung gewordenen Traumberichten und der Psychoanalyse entdecken; der Name Kleist wird Vergleiche krönen.

Heute wissen sie sich nicht einmal der Ehre würdig zu erweisen, die dieser aus Prag Stammende Wien antat, indem er einen Kilometer von unserer Stadt entfernt, seine letzten Tage verbrachte und starb.

Kierling bei Klosterneuburg ist durch ihn in die Literaturgeschichte gekommen. (Weidlich genießt diese Ehre durch Lenaus Grab.)

Aber die Feuilletonisten, denen ein solcher Zusammenhang sonst Gelegenheit gibt, aus Fiakerlied und Olymp, Parnaß und Wienerwald eine Sauce zu machen, haben den Termin versäumt.

Franz Kafka war nämlich gesinnungslos.“

Anton Kuh

„Sein Begräbnis. Die Gebethalle des jüdischen Friedhofs in Prag. Große Beteiligung. Hebräische Gebete. Die

Trauer seiner Eltern und Geschwister. Die stumme Ver-
zweiflung der Gefährtin, die an seinem Grab wie tot hin-
fällt. Das trübe Wetter, das sich nur auf Augenblicke er-
hellt. Weiß Gott, man konnte es nicht glauben, daß in
der nackten Holztruhe Franz Kafka begraben wird, der
Dichter, der gerade erst groß zu werden begann."

Rudolf Fuchs

„Vorgestern starb im Sanatorium Kierling bei Klosterneuburg bei Wien Dr. Franz Kafka, ein deutscher
Schriftsteller, der in Prag lebte. Nur wenige Menschen
kannten ihn hier, denn er war ein Einzelgänger, ein wis-
sender, von der Welt erschreckter Mensch; schon jahrelang litt er an einer Lungenkrankheit, und wenn er sie
auch heilte, so nährte er sie doch unbewußt und förderte
sie in Gedanken. ... Sie verlieh ihm fast unglaubliche
Zartheit und eine fast grausig kompromißlose intellektuelle Verfeinerung ... Er schrieb die bedeutendsten Bücher der jungen deutschen Literatur; das Ringen der
heutigen Generation der ganzen Welt ist in ihnen, wenn
auch ohne tendenziöse Worte. Sie sind wahr, nackt und
schmerzhaft, so daß sie auch dort, wo sie sich symbolisch
ausdrücken, nahezu naturalistisch sind. Sie sind voll
trockenen Hohns und sensibler Sicht eines Menschen,
der die Welt so klar erblickt hat, daß er es nicht ertragen
konnte und sterben mußte."

Milena Jesenská

Der schlange kubistische Grabstein, der die letzte Ruhestätte
von Dr. Franz Kafka sowie seiner Eltern Hermann und Julie
Kafka ziert, wurde vom Prager Architekten Leopold Ehrmann
entworfen. An der dem Grab (Grabstelle Nr. 21 14 21) gegenüberliegenden Friedhofswand erinnert eine schlichte Gedenktafel an den Lebensfreund und Mentor Dr. Max Brod.
1937, einige Jahre nach dem Tode Kafkas, schrieb Ernst Weiß
an Max Brod:

„Ich habe niemals aufgehört, ihn Prag abspenstig zu machen. Sie haben ihn als der treue und herrliche Freund,
um den ich K. beneide, dort gehalten. Die Tagebücher

183

haben mir gezeigt, daß er in tragischer Weise Prag ver-
haftet war. Sie mußten also siegen, und er mußte an Prag
zugrunde gehen."

Kafka kam auch im Tod nicht los von seinem Prag, war er
auch zum Sterben nach Wien gegangen. Das Grab des Dichters auf dem Neuen Jüdischen Friedhof ist längst zu einer Pil-
gerstätte für Literaturfreunde geworden. Dennoch ist es nicht
nur eine der bedeutendsten Kafka-Gedenkstätten in Prag,
sondern auch eine der stillsten und eindrucksvollsten.

Gedenktafel für Max Brod

Kubistischer Grabstein der Familie Kafka

Die Faust im Wappen

„Anfangs war beim babylonischen Turmbau alles in leidlicher Ordnung, ja die Ordnung war vielleicht zu groß, man dachte zu sehr an Wegweiser, Dolmetscher, Arbeiterunterkünfte und Verbindungswege, so als habe man Jahrhunderte freier Arbeitsmöglichkeit vor sich. Die damals herrschende Meinung ging sogar dahin, man könne gar nicht langsam genug bauen; man mußte diese Meinung gar nicht sehr übertreiben und konnte überhaupt davor zurückschrecken, die Fundamente zu legen. Man argumentierte nämlich so: Das Wesentliche des ganzen Unternehmens ist der Gedanke, einen bis in den Himmel reichenden Turm zu bauen. Neben diesem Gedanken ist alles andere nebensächlich. Der Gedanke, einmal in seiner Größe gefaßt, kann nicht mehr verschwinden; solange es Menschen gibt, wird auch der starke Wunsch da sein, den Turm zu Ende zu bauen. In dieser Hinsicht also muß man wegen der Zukunft keine Sorgen haben, im Gegenteil, das Wissen der Menschheit steigert sich, die Baukunst hat Fortschritte gemacht und wird weitere Fortschritte machen, eine Arbeit, zu der wir ein Jahr brauchen, wird in hundert Jahren vielleicht in einem halben Jahr geleistet werden und überdies besser, haltbarer. Warum also schon heute sich an die Grenze der Kräfte abmühen? Das hätte nur dann Sinn, wenn man hoffen könnte, den Turm in der Zeit einer Generation aufzubauen. Das aber war auf keine Weise zu erwarten. Eher ließ sich denken, daß die nächste Generation mit ihrem vervollkommneten Wissen die Arbeit der vorigen Generation schlecht finden und das Gebaute niederreißen werde, um von neuem anzufangen. Solche Gedanken lähmten die Kräfte und mehr als um den Turmbau kümmerte man sich um den Bau der Arbeiterstadt. Jede Landsmannschaft wollte das schönste Quartier haben, dadurch ergaben sich Streitigkeiten, die sich bis zu blutigen Kämpfen steigerten. Diese Kämpfe hörten nicht mehr auf; den Führern waren sie ein neues Argument dafür, daß der Turm auch mangels der nötigen Konzentration sehr langsam oder lieber erst nach allgemeinem Friedensschluß gebaut werden sollte. Doch verbrachte man die Zeit nicht nur mit Kämpfen, in den Pausen verschönerte man die Stadt, wodurch man allerdings neuen Neid und neue Kämpfe hervorrief. So verging die Zeit der ersten Generation, aber keine der folgenden war anders, nur die Kunstfertigkeit steigerte sich immerfort und damit die Kampfsucht. [...]

Dazu kam, daß schon die zweite oder dritte Generation die Sinnlosigkeit des Himmelsturmbaues erkannte, doch war man schon viel zu sehr miteinander verbunden, um die Stadt zu verlassen. Alles was in dieser Stadt an Sagen und Liedern entstanden ist, ist erfüllt von der Sehnsucht nach einem prophezeiten Tag, an welchem die Stadt von einer Riesenfaust in fünf kurz aufeinander folgenden Schlägen zerschmettert werden wird. Deshalb hat auch die Stadt die Faust im Wappen."

Franz Kafka, *Zur Frage der Gesetze*
und andere Schriften aus dem Nachlaß

Prager Stadtwappen

Ortsregister

Ortsregister Prag

191

Namenregister

195

Literaturhinweise

Adamzik, Sylvelie: Kafka. Topographie der Macht. Basel/Frankfurt am Main 1992.

Anz, Thomas: Franz Kafka. München 1989.

Bauer/Polak/Schneider: Kafka und Prag. Stuttgart 1971.

Bergmann, Hugo:
– Erinnerungen an Franz Kafka. In: Exhibition Franz Kafka 1883 – 1924, Catalogue. The Jewish National and University Library. Jerusalem April 1969.
– Schulerinnerungen an Franz Kafka. In: Mitteilungsblatt des Irgun Olej Merkas Europa 34, Nr. 36/37.

Binder, Hartmut:
– Franz Kafka. Leben und Persönlichkeit. Stuttgart 1983.
– Der Prager Fantakreis. Kafkas Interesse an Rudolf Steiner. In: Sudetenland 38, Heft 2 (1996).
– Prag. Literarische Spaziergänge durch die Goldene Stadt. Stuttgart 1997.
– Wo Kafka und seine Freunde zu Gast waren. Dortmund 1991.

Binder/Parik: Kafka. Ein Leben in Prag. Essen/München 1993.

Blanchot, Maurice: Von Kafka zu Kafka. Frankfurt am Main Januar 1995.

Born, Jürgen: „Daß zwei in mir kämpfen …" und andere Aufsätze zu Franz Kafka. Wuppertal 1988.

Born, Jürgen (Hg.):
– Deutschsprachige Literatur aus Prag und den böhmischen Ländern 1900 – 1925. München 1993.
– Franz Kafka – Kritik und Rezeption zu seinen Lebzeiten 1912 – 1924. Band I. Frankfurt am Main 1979.
– Franz Kafka – Kritik und Rezeption zu seinen Lebzeiten 1924 – 1938. Band II. Frankfurt am Main 1983.

Brod, Max:
– Der Prager Kreis. Stuttgart/Berlin/Köln/Mainz 1966.
– Franz Kafka gestorben. In: Prager Tagblatt, 4. Juni 1924, 49. Jg., Nr. 131.
– Über Franz Kafka. Frankfurt am Main 1993.

Brosch, Leonhard: Kafka und Prag. Pfullingen 1983.

Dějiny Prahy. Autorský Kolektiv, Redakce Josef Janáček. Praha 1964.

Dietz, Ludwig: Franz Kafka. Stuttgart 1990.

Dietzelfelbinger, Konrad: Kafkas Geheimnis. Freiburg im Breisgau 1987.

Eisner, Pavel: Franz Kafka and Prague. New York 1950.

Frisch, Elisabeth: Frauenfiguren bei Franz Kafka. Graz 1987.

Fuchs, Rudolf: Erinnerungen an Franz Kafka. In: Brod, Max: Franz
Kafka. Eine Biographie (Erinnerungen und Dokumente). Prag
1937.

Fuld, Werner: Als Kafka noch die Frauen liebte. Hamburg 1994.
2. Auflage.

Glatzer, Nahum: Frauen in Kafkas Leben. Zürich 1987.

Goldstücker/Kautmann (Hg.): Franz Kafka aus Prager Sicht. Prag
1965.

Griebens Reiseführer Prag und Umgebung. Berlin 1911.

Grözinger, Karl Erich: Kafka und die Kabbala. Frankfurt am Main
1994.

Haas, Willy: Um 1910 in Prag. Aus Jugendtagen mit Werfel, Brod
und Hofmannsthal. In: Forum 4, Juni 1957, S. 224–225.

Hoffmann, Werner: Kafkas Aphorismen, München 1975.

Janouch, Gustav:
– Franz Kafka und seine Welt. Wien 1965.
– Gespräche mit Kafka. Erinnerungen und Aufzeichnungen. Frank-
  furt am Main. – Erw. Ausg.: 1968.

Kafka, Franz:
– Gesammelte Werke in acht Bänden, Hg. Max Brod. Frankfurt am
  Main 1994.
Der Prozeß – Das Schloß – Tagebücher 1910–1923 – Erzählungen –
  Amerika – Hochzeitsvorbereitungen auf dem Lande und andere
  Prosa aus dem Nachlaß – Beschreibung eines Kampfes. Novellen,
  Skizzen, Aphorismen aus dem Nachlaß – Briefe 1902–1924.
– Gesammelte Werke in zwölf Bänden, Hg. Hans-Gerd Koch.
  Frankfurt am Main 1994.
Ein Landarzt und andere Drucke zu Lebzeiten – Der Verschollene –
  Der Proceß – Das Schloß – Beschreibung eines Kampfes und
  andere Schriften aus dem Nachlaß – Beim Bau der chinesischen
  Mauer und andere Schriften aus dem Nachlaß – Zur Frage der
  Gesetze und andere Schriften aus dem Nachlaß – Das Ehepaar
  und andere Schriften aus dem Nachlaß – Tagebücher Band 1:
  1909–1912 – Tagebücher Band 2: 1912–1914 – Tagebücher
  Band 3: 1914–1923 – Reisetagebücher.
– Die Verwandlung. Prag 1995.
– Brief an den Vater. Prag 1996.
– Briefe an Ottla und die Familie. Frankfurt am Main 1974.

- Briefe an die Eltern aus den Jahren 1922–1924. Frankfurt am Main 1993.
- Briefe an Felice. Frankfurt am Main 1995.
- Briefe an Milena. Frankfurt am Main 1995.
- Schriften, Tagebücher, Briefe. Kritische Ausgabe. Hg. von Jürgen Born, Gerhard Neumann, Malcolm Pasley und Jost Schillemeit. Frankfurt am Main 1982.

Koch, Hans-Gerd (Hg): „Als Kafka mir entgegenkam…" – Erinnerungen an Franz Kafka. Berlin 1995.

Köppel, Peter: Die Agonie des Subjekts. Das Ende der Aufklärung bei Kafka und Blanchot. Wien 1991.

Kurt Krolop (Hg.): Kafka und Prag. Berlin 1994.

Kroutvor, Josef: Kafkas Stadt? Prag im Zyklus der toten Städte. In: Kafka und Prag: Colloquium im Goethe-Institut Prag, 24–27. November 1992, Hg. Krolop/Zimmermann. Berlin, New York 1994.

Kurz, Gerhard (Hg.): Der junge Kafka. Frankfurt am Main 1984.

Mauthner, Fritz: Prager Jugendjahre – Erinnerungen von Fritz Mauthner. Frankfurt am Main 1969.

Northey, Anthony: Kafkas Mischpoche. Berlin 1988.

Novak, Ernst: Addio, Kafka. Wien 1987.

Pasley, Malcolm (Hrsg.): Max Brod/Franz Kafka. Eine Freundschaft. Briefwechsel. Frankfurt am Main 1989.

Pawel, Ernst: Das Leben Franz Kafkas. Eine Biographie. Reinbek bei Hamburg 1990.

Pytlík, Radko: Franz Kafka, Prager Mosaik. Prag 1993.

Rohan, Bedřich: Kafka wohnte um die Ecke. Freiburg im Breisgau 1986.

Rokyta, Hugo: Die Böhmischen Länder – Prag. Prag 1997.

Schweppenhäuser, Hermann: Benjamin über Kafka. Frankfurt am Main 1981.

Stölzl, Christoph: Kafkas böses Böhmen. München 1975.

Thieberger, Friedrich: Erinnerungen an Franz Kafka. In: Eckart 23 Heft 10/12 (Okt. bis Dez. 1953), S. 49–53.

Unseld, Joachim: Franz Kafka. Ein Schriftstellerleben. München 1982.

Urzidil, Johannes: Da geht Kafka. Zürich, Stuttgart 1965. – Erw. Ausg.: München 1966.

Wagenbach, Klaus:
- Franz Kafka. Reinbek bei Hamburg 1964. – 30. Auflage 1995.
- Kafkas Prag. Ein Reiselesebuch. Berlin 1993.

Bildnachweis

Verlag und Autor danken Herrn Univ.–Prof. Dr. Hartmut Binder für die freundliche Abdruckgenehmigung der aus seinen Archivbeständen stammenden Abbildungen auf den Seiten 46, 62, 98, 134, 144, 163, 174

dem Prager Fotografen Dr. Ivan Koreček für die Bildvorlagen auf den Seiten 84, 129, 176, 178, 185

sowie Herrn Dr. Jindřich Noll für die freundliche Überlassung des historischen Stadtplanes von Prag (Vorsatz).

Das übrige Bildmaterial entstammt dem verlagseigenen Archiv fotografischer Abbildungen und historischer Publikationen.

Stadtplan von